Martin Grabe

ZEITKRANKHEIT BURNOUT

Martin Grabe

Zeitkrankheit Burnout

Warum Menschen ausbrennen
und was man dagegen tun kann

FRANCKE
Verlag der Francke-Buchhandlung GmbH

Über den Autor:
Dr. med Martin Grabe, Jahrgang 1959, Psychiater und Psychotherapeut, ist Chefarzt der Psychotherapeutischen Abteilung der Klinik Hohe Mark in Oberursel. Gleichzeitig engagiert er sich als Vorsitzender der *Akademie für Psychotherapie und Seelsorge* (APS) und in seiner Ortsgemeinde. Martin Grabe ist verheiratet, hat vier Kinder und lebt in Kronberg/Taunus.

Bibliografische Information der Deutschen Bibliothek
Die Deutsche Bibliothek verzeichnet diese Publikation in der Deutschen Nationalbibliografie; detaillierte bibliografische Daten sind im Internet über http://dnb.ddb.de abrufbar.

3. Auflage 2008
ISBN 978-3-86122-780-9

35037 Marburg an der Lahn
Umschlaggestaltung: Henri Oetjen, DesignStudio Lemgo
Satz: Verlag der Francke-Buchhandlung GmbH
Druck: CPI Moravia Books, Korneuburg

www.francke-buch.de

Inhaltsverzeichnis

1. Einleitung

Wenn Sie dieses Buch lesen, werden Sie bald eine Entdeckung machen: Beim Thema Burnout geht es nicht nur um irgendein vielleicht ganz interessantes Krankheitsbild. Stattdessen hat Burnout sehr viel mit unser aller Leben zu tun und damit, wie wir es anfassen. Wir kommen beim Nachdenken darüber gar nicht um grundlegende Gedanken über die Konstruktion unseres Lebens herum. Aber ich wüsste auch kaum ein Thema, dass ebenso dazu angetan ist, uns zu ermutigen, neue Ideen zur Lebensgestaltung umzusetzen.

Vielleicht braucht Ihr Alltag auch gerade eine Verjüngungskur? Oder Sie möchten anderen Menschen wirksam dabei helfen?

Erstaunlicherweise kommt bei der Beschäftigung mit dem Thema Burnout in den meisten Fällen beides heraus. Allerdings ist eines dafür notwendig: etwas Zeit zum Nachdenken.

Burnout ist nicht nur deshalb eine Zeitkrankheit, weil er heutzutage so weit verbreitet ist, sondern auch deshalb, weil der „Zeitmangel" symptomatisch ist. Wer sich Zeit nimmt, hat schon den ersten Schritt zur Vorbeugung oder zum Ausstieg getan.

In diesem Buch erwartet Sie Folgendes:
Das nächste Kapitel soll mit einer Definition und Fallbeispielen deutlich machen, was Burnout überhaupt ist.

Anschließend werden Sie das Burnout-Syndrom in seinem phasenhaften Ablauf kennen lernen und verstehen, woran man die verschiedenen Stadien erkennt (Kapitel 3).

In Kapitel 4 schauen wir uns dann die wichtige Frage an, warum bestimmte Menschen ausbrennen – während andere das in ähnlichen Situationen offensichtlich nicht tun.

Und in Kapitel 5 schlage ich Ihnen konkrete Wege vor, wie Sie eine Anti-Burnout-Grundhaltung entwickeln können.

Insofern hoffe ich, dass dieses Buch tatsächlich nicht nur Informationen vermittelt. Viel mehr noch soll es Anstöße geben, die im Leben weiterwirken, Zeit schenken und Druck überflüssig machen.

2. Was ist Burnout?

Schlagen wir doch einfach mal im „Brockhaus“ nach! Da finden wir Folgendes[1]:

„Burn out (engl.) der, -/-s, Kernenergietechnik: Durchbrennen von Reaktorbrennstäben oder Komponenten infolge zu geringer Kühlung (Kühlmittelausfall) oder zu hoher Wärmeerzeugung (unkontrollierte Kernspaltung).“

Das wars. Das hätten Sie jetzt aber nicht gedacht, oder?

Ich möchte Ihnen mit diesem Beispiel zeigen, dass der Begriff Burnout für ein psychisches Syndrom noch gar nicht lange in Gebrauch ist.

Genau gesagt, wurde der Begriff als Bezeichnung für ein psychisches Geschehen 1974 von dem deutschstämmigen amerikanischen Psychoanalytiker Herbert Freudenberger geprägt, etwa gleichzeitig auch von S. G. Ginsburg.

Es sollte aber noch lange dauern, bis sich Burnout als Bezeichnung für ein Syndrom durchsetzte. Und bis heute gibt es keine letzte, allgemeinverbindliche Definition.

Burnout ist auch keine medizinische Diagnose. Auch wenn ein Burnout-Syndrom in der Regel zu medizinisch benennbaren Erkrankungen hinführt. Am häufigsten sind das Depressionen, Angsterkrankungen und fast immer auch psychosomatische Symptome.

---

[1] Definition aus der 5-bändigen Ausgabe von 1984. Die Idee habe ich von Helmut Kolitzus, s. „Literatur“.

„Burnout" im psychologischen Sinne ist eine Metapher, eine bildliche Umschreibung für einen bestimmten Zustand. Gemeint ist die Übersetzung „Ausbrennen".

Ganz grob gesagt tritt Burnout da ein, wo ein Mensch über lange Zeit zu viel Energie abgibt bei ungenügendem Energienachschub.

Das kann man sich ähnlich vorstellen wie bei einem Auto, wo die Leuchten, die Wischer, das Radio und was weiß ich noch eingeschaltet sind und Energie verbrauchen, aber nicht gleichzeitig die Batterie nachgeladen wird. Das funktioniert nicht allzu lange, irgendwann geht alles aus.

Beim Auto gibt es allerdings immer eine Kontrollleuchte, die sofort anzeigt, wenn die Lichtmaschine nicht mehr funktioniert, also wenn keine Energie für die Batterie mehr hereinkommt.

Das Problem bei uns Menschen ist, dass uns diese Kontrollleuchte fehlt. Sehr oft merken wir nicht, dass wir vielleicht schon lange nicht mehr ausreichend nachladen. Stattdessen arbeiten wir immer weiter in derselben Richtung. Betroffene merken schon, dass irgendetwas nicht stimmt und dass es ihnen nicht gut geht. Sie denken aber meist, dass sie das durch noch größere Anstrengungen in den Griff bekommen können. Und irgendwann ist dann der Punkt erreicht, wo nichts mehr geht.

Indem Sie dies lesen, haben Sie diesen Prozess zumindest für kurze Zeit außer Kraft gesetzt. Möglicherweise wollen Sie sich nur allgemein über eine verbreitete Zivilisationskrankheit informieren. Aber gleichzeitig nehmen Sie auch Abstand ein zu dem, was Sie selbst sonst tun. Und – wie gesagt – ich würde mich freuen, wenn dieses Buch gleichzeitig auch zu einer Art „Batterie-Check" wird, den Sie auch später ab und zu mal wiederholen können und der vielleicht zu Konsequenzen führt.

Wie kann man Burnout nun aber genauer beschreiben? Wie schon gesagt gibt es keine allgemein verbindliche Fachdefinition. Deshalb fasse ich im nächsten Absatz einmal verschiedene vorhandene Definitionen zusammen.

Burnout tritt da ein, wo ein Mensch über lange Zeit zu viel Energie abgibt bei ungenügendem Energienachschub.

Das äußert sich folgendermaßen:

Idealismus, Arbeitseifer und Begeisterung verwandeln sich in einen Zustand chronischer Erschöpfung. Das geschieht oft über Jahre und in mehreren Phasen. Der Erschöpfungszustand ist gekennzeichnet durch Antriebs- und Leistungsschwäche, Gedächtnisstörungen, Niedergeschlagenheit und Müdigkeit. Hinzu kommt eine erhöhte Anfälligkeit für Infektionen und verschiedenste psychosomatische Beschwerden.

Häufig betroffen sind Menschen, die an sich besonders hohe Anforderungen stellen und über einen langen Zeitraum viel Engagement in ihre Tätigkeit investieren. Sie brennen aus, wenn sie gleichzeitig nicht im erwarteten Maß Erfolg und Anerkennung erhalten. Das ist oft in sozialen und helfenden Berufen der Fall, wie etwa bei Sozialarbeitern, Lehrern, Ärzten und Krankenschwestern. Aber auch allein das Gefühl, dass nirgends sinnvoller beruflicher Einsatz möglich und erwünscht ist, kann Burnout verursachen. Also auch bei Arbeitslosen.

Burnout tritt da ein, wo ein Mensch über lange Zeit zu viel Energie abgibt bei ungenügendem Energienachschub.

Erscheinungsbild:

- Idealismus, Arbeitseifer und Begeisterung verwandeln sich in einen Zustand chronischer Erschöpfung.
- Wichtige Symptome sind: Antriebs- und Leistungsschwäche, Gedächtnisstörungen, Niedergeschlagenheit und Müdigkeit, außerdem erhöhte Anfälligkeit für Infektionen und psychosomatische Beschwerden.
- Ein vorherrschendes Gefühl ist, zu wenig Erfolg im Verhältnis zum Einsatz zu haben.
- Die Entwicklung geht oft über Jahre und läuft in mehreren Phasen ab.
- Besonders häufig betroffen sind leistungsorientierte Menschen mit hohen Idealen.

Burnout-Betroffene verteilen sich statistisch übrigens folgendermaßen:

Helferberufe 40 %, Lehrer 30 % und Mitarbeiter in der Verwaltung 10 %. Letztlich kommt Burnout aber in jeder Berufsgruppe vor. Zur Gesamtzahl gibt es keine wissenschaftlich fundierten Zahlen, was sich unter anderem aus der sehr weiten Verbreitung des Burnout-Anfangsstadiums erklärt.

Burnout-Betroffene

- Helferberufe (40 %)
- Lehrer (30 %)
- Mitarbeiter in der Verwaltung (10 %)
- alle Weiteren 20 %

Anhand von beispielhaften Fallgeschichten möchte ich jetzt zeigen, wie das Krankheitsbild im praktischen Leben aussehen kann.

Fallbeispiel Bernhard T.

Bernhard T. wuchs gemeinsam mit seinem 1 ½ Jahre älteren Bruder auf. Dieser gehörte schon in der Grundschule immer zu den Besten, ganz im Gegensatz zu Bernhard. Sein Vater, der sich nach dem Krieg aus ärmlichsten Verhältnissen emporgearbeitet hatte und einen Schreibwarenladen besaß, betonte immer wieder, wie viel ihm daran lag, dass aus seinen Jungen „mal was Richtiges wird". Entsprechend unzufrieden war er damit, dass Bernhard so deutlich hinter seinem Bruder zurückblieb. Anfangs gab es noch Strafen für schlechte Klassenarbeiten, was auf Seiten des Vaters aber später einer resignativen Haltung wich: Aus dem wird halt nicht viel. Bernhards Mutter, eine eher stille und vom Vater dominierte Frau, bemühte sich darum, dessen Härten etwas auszugleichen. Sie konnte aber nicht verbergen, dass sie eigentlich ähnlich dachte.

Nachdem Bernhard sich lange mit wenig Erfolg bemüht hatte, ging er als Teenager in den Protest. Er tat jetzt wirklich kaum noch etwas für die Schule, war ständig mit „Freunden" unterwegs und dröhnte sich zu Hause mit überlauter Musik zu, was seinen Vater immer wieder ungemein auf die Palme brachte. Trotzdem schaffte er schließlich mit Müh' und Not die Mittlere Reife.

Bei der selbst gewählten Klempnerlehre, die er dann begann, geriet er an einen Meister, der ihn und seine Leistung anerkannte. Schon früh wurden ihm selbständige Arbeiten übertragen, und Bernhard genoss es, in der Firma ernst genommen zu werden. Noch in der

Lehrzeit zog er zu Hause aus. Die Gesellenprüfung bestand er mit Auszeichnung und erreichte die Meisterprüfung in Mindestzeit. Bald darauf machte er sich selbständig.

Zunächst lief alles gut. Bernhard heiratete in dieser ersten Zeit der Selbständigkeit, bekam reichlich Aufträge und konnte die Firma weiter ausbauen. Ein neues Gebäude in einem kleinen Industriegebiet wurde bezogen und weitere Mitarbeiter eingestellt. Manchmal fanden seine Frau und er zwar, dass er zu viel arbeiten müsse, aber beide waren der Meinung, dass das wohl nicht anders gehe. Die Buchhaltung ging immer mehr in die Hände seiner Frau über, weil Bernhard gar keine Zeit mehr dafür hatte.

Als die Familie sich einen neuen Wagen kaufte, wurde es die Nobelmarke, von der Bernhard wusste, dass sie bei seinem Vater den meisten Eindruck machte. Gerade das wollte er nämlich immer noch, trotz aller Erfolge, die er schon erreicht hatte. Als er bei seinen Eltern vorfuhr, erlebte er allerdings eine Enttäuschung. „Na, wenn du den mal bezahlen kannst!“, meinte sein Vater nur mit Seitenblick auf das (tatsächlich nur anbezahlte) Auto. Dann bekam Bernhard noch allerhand über die gegenwärtigen Erfolge seines Bruders erzählt.

Leider wurde es geschäftlich bald schwieriger. Aufgrund der schlechten Wirtschaftslage gab es deutlich weniger an größeren Aufträgen. Bei Ausschreibungen unterboten sich die Firmen gegenseitig. Um an Aufträge heranzukommen, ließ sich Bernhard auf Preise und Fertigstellungsfristen ein, bei denen er nur im günstigsten Fall überhaupt etwas verdienen konnte. Bei jeder Störung musste er ins Minus geraten. Obwohl er inzwischen 15 Mitarbeiter beschäftigte, bestand ein großer Teil seines Arbeitstages darin, dass er noch selbst auf Baustellen stand und schaffte, natürlich mit dem Anspruch, noch schneller und besser zu sein als seine Leute. Immer wieder klingelte das Handy und hielt ihn auf. Wenn ein Kunde in der Leitung war, gab Bernhard sich trotzdem große Mühe, diesen freundlich zu behandeln, irgendetwas zu erklären oder möglichst taktvoll zu vertrösten, wenn es um Termine ging.

Aber selbst, wenn es gelungen war, ein Projekt termingerecht und gut zum Abschluss zu bringen, hieß das noch lange nicht, dass damit alles in Ordnung war. Immer mehr, gerade der Großkunden, entdeckten die Methode, durch Feststellung angeblicher Mängel, die Bezahlung lange hinauszuzögern oder den Preis noch weiter zu drücken. Bernhard empfand es jedes Mal als persönliche Kränkung, wenn seine Arbeit so schlechtgeredet wurde. Viele bezahlten auch grundsätzlich erstmal gar nicht, sondern erst nach Anlaufen eines Gerichtsverfahrens Monate später.

Bernhards Frau, die inzwischen auch für heranwachsende Kinder zu sorgen hatte, kannte sich mit diesen komplexer werdenden juristischen Problemen nicht ausreichend aus, um immer das Bestmögliche zu erreichen. Eigentlich wäre es oft wesentlich effektiver gewesen, wenn Bernhard im Büro geblieben wäre und sich hinter solche ausstehenden Zahlungen geklemmt hätte, aber er hatte das Gefühl, am meisten mit „richtiger“ Arbeit zu schaffen.

Weil es geschäftlich immer enger wurde, lieferte er noch mehr davon. Waren die Samstage schon lange zu Arbeitstagen geworden, so wurde es jetzt abends noch später, und oft verbrachte Bernhard auch die Sonntagnachmittage vor dem Computer im Büro.

Dass die Kinder alle Anzeichen eines Vaternotstands aufwiesen und immer schwieriger wurden, machte die Lage für die Familie nicht einfacher.

Bernhards Frau äußerte jetzt immer öfter, dass es so einfach nicht mehr weitergehen könne. Aber die Argumente, die Bernhard ihr dann entgegenhielt, waren erschlagend. „Weißt du, wie hoch unsere Grundkosten sind? Wie viel wir jeden Monat an Gehältern und Abträgen zu bezahlen haben? Was denkst du dir denn, wie das hereinkommen soll, wenn ich mich auf die faule Haut lege?“ Also fügte sie sich, wenn auch murrend, weiter in ihr Schicksal und versuchte, die Büroarbeit nebenbei zu schaffen.

Freunde schlugen ihm vor, die Grundkosten durch Verkleinerung des Betriebes zu senken. Er wäre dann außerdem nicht mehr so stark auf Großaufträge angewiesen, die immer das ruinöse Ausschreibungsverfahren mit sich brachten. Davon wollte Bernhard allerdings gar nichts wissen. Seinen Betrieb zu verkleinern, hätte er als Versagen erlebt. Und in die Rolle des schwarzen Schafes der Familie wollte er nie wieder zurück.

Schließlich war es dann soweit. Bernhard T. brach zusammen. Nachdem es ihm schon monatelang stimmungsmäßig schlecht gegangen war und er nur unter äußerster Aufbietung aller Kräfte noch seine Arbeit hatte schaffen können, ging es eines Montagmorgens einfach nicht mehr. Er hatte einen solchen Widerwillen gegen die Arbeit und eine so massive innere Verwirrung in sich, dass er sich zu nichts mehr aufraffen konnte. Medizinisch wurde eine schwere Depression diagnostiziert. Ein langer Klinikaufenthalt wurde notwendig. Glücklicherweise war Bernhard T. gut gegen Krankheitsausfall versichert, so dass sein Betrieb in verkleinerter Form überleben konnte.

Ich gehe später noch auf diese Entwicklung ein, jetzt geht es mir aber erst einmal um Beispiele für Burnout. Die nächste Fallgeschichte ist ganz anders gelagert, aber Sie werden trotzdem die Parallelen entdecken.

Fallbeispiel Ingrid D.

Ingrid D. ist als Älteste von drei Kindern in einem Geschäftshaushalt aufgewachsen. Sie ist verheiratet, hat zwei Kinder und arbeitet als Krankenschwester. Weil ihrem Mann vor zehn Jahren eine gute Stelle in seiner Heimatstadt angeboten wurde, zog die Familie mit ihren beiden Kindern dorthin. Ein weiterer Grund für den Umzug war, dass ihr Mann sich Sorgen um seine verwitwete Mutter machte, die dort allein in ihrem großen Haus wohnte. Schon mehrfach hatte sie angeboten, das Haus ihrem Sohn zu überschreiben, wenn er dort einziehen wolle. Sie würde dann in die Einliegerwohnung ziehen.

Ingrid hatte Bedenken, da sie sich nie besonders gut mit ihrer Schwiegermutter verstanden hatte. Diese war recht dominant und ließ wenig neben ihrer Meinung gelten. Andererseits war es eine attraktive Aussicht, so einfach zu einem großen Haus mit Garten zu kommen. Beide entschlossen sich letztlich, das Angebot anzunehmen. Bei dieser Gelegenheit versprachen beide der Mutter auch, dass sie „selbstverständlich“ nie ins Altersheim müsse, sie würden sie schon versorgen.

Zunächst ging es einigermaßen gut. Die Schwiegermutter kam selbst zurecht, und Ingrid hatte mit Kindern, Haushalt und Beruf genug zu tun. Sie hatte sehr bald wieder eine Halbtagsstelle im Krankenhaus auf einer internistischen Station gefunden. Allerdings fühlte sie sich der Schwiegermutter gegenüber oft verpflichtet, Hilfe anzubieten oder Aufgaben zu übernehmen. Dazu gehörte zum Beispiel Gartenpflege und Einkäufe. Ärgern konnte sich Ingrid, wenn die Schwiegermutter, deren Terrasse direkt zum Garten ging, schon wieder irgendwelche Kleinigkeiten zu bemängeln hatte wie Unkraut im Blumenbeet oder die Länge des Rasens. Weil Sohn und Tochter meistens erst abends mit ihren Hausaufgaben fertig waren, zum Sport mussten oder auch nur ihre Unlust sehr deutlich zeigten, blieben diese Aufgaben regelmäßig an Ingrid hängen. Sie wollte schließlich, dass alle sich wohl fühlten. Die Kinder hatten es ohnehin schwer genug mit ihren Verpflichtungen, fand sie, und der alten Dame konnte man ja unmöglich die Gartenarbeit zumuten. Selbstverständlich fuhr sie ihre Kinder auch mehrmals in der Woche zu irgendwelchen Terminen, solange diese noch keinen Führerschein hatten. Ihren Mann plante sie an Werktagen schon gar nicht mehr ein, weil er beruflich so viel zu tun hatte. „Der soll sich mal erholen, wenn er zu Hause ist.“

Vor drei Jahren dann stürzte die Schwiegermutter und brach sich den Schenkelhals. Ein langer Krankenhausaufenthalt folgte, wo im Wesentlichen Ingrid sie besuchte und mit allem Notwendigen versorgte. Diese Besuche waren für Ingrid sehr anstrengend. Zum einen wusste sie eigentlich nicht, wo sie die Zeit dafür hernehmen sollte, zum anderen gab es fast kein Thema, über das sie sich mit ihrer Schwiegermutter unterhalten konnte, ohne dass diese meinte, in barschem Ton an ihr herumerziehen zu müssen. Kaum, dass sie überhaupt einmal Danke sagte für all die Hilfe, die sie bekam. Ingrid hoffte nur, dass diese Phase bald durchgestanden wäre.

Das war aber ein Irrtum. Nach der Entlassung zeigte sich, dass die Schwiegermutter kaum in der Lage war, selbständig zu gehen und sich weder mit Essen versorgen noch ihren Haushalt erledigen konnte. Als Ingrid mit der Idee kam, eine ambulante Hilfe zu organisieren, lehnte die Schwiegermutter dieses strikt ab. Sie habe ja wohl ein Recht darauf, dass sich auch mal jemand um sie kümmere, nachdem sie so viele Jahre für andere gearbeitet habe. Außerdem sei es so abgemacht. Wenn Ingrid sich bei ihrem Mann beklagte, versuchte dieser, einen ausgleichenden Standpunkt zu beziehen („Mutter änderst du nicht mehr!") und kümmerte sich am Wochenende etwas mehr um seine Mutter. Wirklich verstanden fühlte sich Ingrid aber nicht und merkte, dass sie sich in dieser Situation auch ihrem Mann immer mehr entfremdete.

In der Zwischenzeit zog der Sohn wegen seines Studienbeginns aus, auch die Tochter war kaum noch zu Hause. Ingrid fühlte sich aber weiterhin verpflichtet, jeden Tag pünktlich neben allen anderen Aufgaben komplette Mahlzeiten zu liefern. Schon längst hatte sie sich aus einer Runde von Frauen aus der Nachbarschaft zurückgezogen, mit denen sie sich bisher wöchentlich getroffen hatte, hatte sich bei ihrem Chor abgemeldet und merkte in der Weihnachtszeit beim Kartenschreiben, dass sie zu mehreren Freundinnen schon ein ganzes Jahr lang keinen Kontakt mehr gehabt hatte. Sie hatte das Gefühl, dass ihr Leben eigentlich nur noch aus Arbeit bestand. Ein Lichtblick dabei war noch das Krankenhaus, weil sie dort wenigstens ein paar nette Kolleginnen hatte und auch Patienten manchmal ihre gute Pflege bemerkten und sich bei ihr bedankten. Zu Hause war alles selbstverständlich.

In letzter Zeit kam dann noch hinzu, dass die Schwiegermutter gelegentlich leicht verwirrt wirkte. Sie verwechselte dann z. B. Wochentage oder behauptete gereizt und beharrlich, dass Ingrid ihr wieder irgendwelche Dinge weggenommen habe – was mit Sicherheit nicht stimmte.

Ingrid litt seit Monaten zunehmend unter schlechtem Schlaf und häufigen Spannungskopfschmerzen. Oft versank sie in trübe und hoffnungslose Grübeleien. Hatte sie sich früher für vieles interessiert, schien ihr inzwischen ziemlich gleichgültig, was in der Zeitung stand. Auf Sendungen im Fernsehen konnte sie sich schon lange nicht mehr konzentrieren.

Eine Freundin, die unangemeldet zu Besuch kam, erschrak über Ingrids Zustand. Sie war es auch, die sie überredete, gemeinsam einen Psychiater aufzusuchen,

und überzeugte sie davon, dass sie nicht nur ein Medikament, sondern unbedingt psychotherapeutische Hilfe brauchte.
Soweit dieses zweite Beispiel.
Natürlich können Burnout-Szenarien auch noch ganz anders aussehen:

- Ein Burnout-Syndrom hat auch der Lehrer, der vor 20 Jahren enthusiastisch ins Referendariat ging, weil er wollte, dass seine Schüler ganz andere Erfahrungen machen, als er sie machen musste. Der jetzt aber langweiligsten Unterricht nach immer gleichen alten Konzepten abliefert und die Schüler durch angedrohte Tests in Schach hält. Seit Jahren baut er schon an seinem alten Haus herum, was sein wesentlicher Lebensinhalt zu sein scheint.

- Oder eine Altenpflegerin, die schon seit Monaten krankgeschrieben ist. Vorher hatte sie als Stationsschwester in ihrem immer weiter durchrationalisierten Altenheim nur noch mit ungelernten ausländischen Kräften zusammengearbeitet. Trotz aller Hetze und Überstunden hatte sie immer das Gefühl, dass die alten Menschen eigentlich unterversorgt sind.

- Oder ein Mitarbeiter in einer christlichen Drogenhilfeeinrichtung, der vor drei Jahren mit seiner Familie in eine therapeutische Wohngemeinschaft zog, voller guter Vorsätze und Ideen. Jetzt braucht man nur eine Viertelstunde mit ihm zusammen zu sein, dann hat man schon zwei oder drei verbitterte Geschichten darüber gehört, wie unzuverlässig die Drogenabhängigen sind, wie oft er beklaut worden ist und wie wenig Verständnis der Trägerverband für seine Situation hat.

- Oder der Pastor, der immer wieder feststellt, wenn er ein besonderes Projekt in der Gemeinde voranbringen will, dass dieses den Widerstand bestimmter Gruppen mobilisiert. Diese fassen geplante Veränderungen offensichtlich als Konkurrenz oder Angriff auf ihre bisherigen Werte auf. Mit großer Anstrengung kann er sich letztlich in manchem durchsetzen, aber es gibt eigentlich keinen, der wirklich sieht, wie viel er leistet, und das dankbar anerkennt. Nachdem es auch noch beißende Kritik an Äußerungen in seinen Predigten gegeben hat, die als unkorrekt aufgefasst wurden, entwickelt er eine Angstkrankheit. Er kann nicht einmal mehr das Gemeindehaus betreten.

Soweit die Beispiele, denen man immer noch viele hinzufügen könnte.

Im nächsten Kapitel soll es darum gehen, wie sich ein Burnout entwickelt.

3. Der Burnout-Prozess

Matthias Burisch hat das wohl gründlichste Buch über das Burnout-Syndrom geschrieben (s. „Literatur“). Darin versucht er, einen möglichst vollständigen Überblick über Forschungsergebnisse und wissenschaftliche Theorien zu geben, die bislang zu diesem Themenfeld aufgestellt wurden. In der Beschreibung des Burnout-Prozesses halte ich mich im Folgenden an die Kategorien, die Burisch als gemeinsamen Nenner aus sehr vielen Studien zu diesem Thema herausgefiltert hat. Es sind insgesamt sieben.

Der Burnout-Prozess

1. Warnsymptome der Anfangsphase
   gesteigerte Aktivität, spürbare Erschöpfung
2. Reduziertes Engagement
3. Emotionale Reaktionen, Schuldzuweisung
   depressiv oder aggressiv
4. Abbau
5. Verflachung
6. Psychosomatische Reaktionen
7. Verzweiflung

1. Warnsymptome der Anfangsphase

Am Anfang eines Burnout-Prozesses steht normalerweise ein Überengagement. Egal ob es sich dabei um Engagement für ein bestimmtes Ziel oder mehr ein allgemeines Ideal handelt, ob es um Klienten, Patienten, Schüler geht oder um die berufliche Karriere. Wer ausbrennt, muss einmal gebrannt haben.

Nun gibt es allerdings durchaus die Möglichkeit, dass sich Menschen über Jahre und mit allen Anzeichen dafür, dass sie sich gut dabei fühlen, stark für eine Sache engagieren. Ob Sie da einen erfolgreichen Bankmanager oder den Apostel Paulus als Beispiel nehmen.

Das Engagement an sich scheint es noch nicht zu sein. Ein Burnout-Prozess beginnt erst da – denken Sie an die Autobatterie in unserem Anfangsbeispiel –, wo nicht mehr genügend nachgeladen wird. Das heißt, dass Burnout dort beginnt, wo es ein Missverhältnis gibt

- zwischen Idealen und Möglichkeiten,
- zwischen Anstrengungen und Erfolgen,
- zwischen positiven und negativen Erfahrungen und Rückmeldungen.

Sie kennen wahrscheinlich die Unterscheidung zwischen Eustress und Disstress. Eustress als positive Herausforderung, die bewältigt werden kann und das Selbstbewusstsein eines Menschen stärkt. Disstress als Belastung, die frustriert, Energie verbraucht und auf die Dauer Selbstvertrauen zerstört.

Burnout beginnt also nicht da, wo Belastungen auf Menschen zukommen, sondern wo diese Belastungen in Form von chronischem Disstress ertragen müssen.

Das können überhöhte Anforderungen in Beruf oder Familie sein, denen sich der Einzelne nicht gewachsen fühlt, oder eine als feindlich erlebte Umgebung, wo Erfolge nicht gewürdigt werden.

Ein Burnout-Kandidat würde nun aber in dieser ersten Phase nicht in den Rückzug gehen, sondern er geht vom Prinzip aus: „Viel hilft viel." Das heißt, er würde seine Anstrengungen erhöhen. Das könnte bedeuten, dass er unbezahlte Überstunden macht, um alles doch noch zu schaffen und seine sozialen Kontakte zu Freunden und auch der eigenen Familie immer mehr aufgibt, um seine Aufgaben bewältigen zu können. Offensichtliche Misserfolge würden möglichst aus dem Bewusstsein verdrängt. Ebenso verliert ein Mensch in dieser Phase meist weitgehend aus dem Blick, dass er (oder sie) selbst doch auch eigene Bedürfnisse hat – zum Beispiel, sich mit Freunden zu treffen oder Sport zu treiben.

Ein Gefühl der Unentbehrlichkeit lässt ihn all das vergessen und treibt ihn immer weiter voran.

Für Betroffene ist diese erste Phase des Burnout oft nur im Nachhinein zu erkennen. Symptome sind vor allem eine chronische Müdigkeit, das Gefühl, irgendwie unausgeschlafen zu sein und zu wenig Energie zu haben.

Solche Phasen haben die meisten von uns in ihrem Leben schon durchgemacht. Auch wenn ein Wochenende frei ist, kann man sich zu nichts aufraffen, sondern schafft es neben den nötigsten Arbeiten im Haus gerade, sich einigermaßen für den Montag zu erholen. Und wenn man an den denkt, setzt es einen schon wieder unter Druck.

Wenn der eine oder andere von Ihnen jetzt vielleicht denken muss, dass das ganz gut auf seine Situation passt, dann ist jetzt hoffentlich gerade bei Ihnen auch das Warnlämpchen angegangen: 1. Burnout-Phase!

2. Nächste Phase: Reduziertes Engagement.

Um es deutlich zu sagen: Verstehen Sie diese Phasen bzw. Kategorien jetzt nicht unbedingt als eine Abfolge. Es sind eher die verschiedenen Kennzeichen des Burnout. So kann es sein, dass eine Phase gar nicht vorkommt, und es ist meist so, dass sich verschiedene Kategorien, die ich hier darstelle, überlappen. Insbesondere gilt das für die sechste Kategorie, die psychosomatischen Reaktionen. Die Müdigkeit der ersten Phase ist ja sozusagen schon eine.

Die Phase des reduzierten Engagements setzt sich deutlich ab vom vermehrten Engagement der Anfangsphase.

Dauerhaft von ihrer Arbeit frustrierte Menschen entwickeln einen Überdruss der Arbeit gegenüber, so dass es sie zeitweise ernsthafte Überwindung kostet, überhaupt zur Arbeit zu gehen. Insbesondere montags. Wo es um direkte soziale Kontakte zu Kunden, Patienten oder Schülern geht, ziehen sie sich emotional zurück. Es gibt viele Techniken der Selbstdistanzierung. Deutlich wird das schnell, wenn man hört, wie über Klienten gesprochen wird. Eine Krankenschwester sagt zum Beispiel: „Die benehmen sich mal wieder wie Kinder, zum Kotzen“, und meint ihre Patienten. Dann trinkt sie noch minutenlang weiter ihren

Kaffee, bevor sie in das Patientenzimmer geht, aus dem es klingelt.

Entwertung hilft, Abstand herzustellen. Helfer versuchen, die Beziehung zu denen, die ihnen anvertraut sind, zu entpersönlichen und verringern den direkten Kontakt, wo es möglich ist. Zum Beispiel durch Rückzug auf Bürotätigkeiten und auf formalisierten Umgang.

Wo Mitarbeiter das Gefühl haben, dass es die Firma ist, die ihnen die Erfolge versagt, gehen sie in die „innere Kündigung", auch wenn sie vorher stark mit ihrer Aufgabe identifiziert waren. Wo sie vorher freiwillig sehr viel getan haben, haben sie jetzt das Gefühl, selber etwas bekommen zu müssen. Das heißt auch, dass Materielles viel wichtiger wird als vorher. Menschen, die in einer sozialen Einrichtung arbeiten und sich bisher um die niedrige Bezahlung überhaupt nicht geschert haben, klagen jetzt darüber. Im noch gesündesten Fall sehen sie sich nach einem besser dotierten Job um, was eine Chance wäre, dem weiteren Burnout-Prozess zu entgehen.

In größeren, unpersönlicheren Betrieben telefonieren Mitarbeiter lange auf Kosten der Firma, anstatt zu arbeiten, andere lassen Kleinigkeiten mitgehen – und fühlen sich gut dabei. Haben sie es doch geschafft, sich dem großen unfairen Feind Firma gegenüber ein bisschen zu entschädigen. Wer z. B. bei der Bundeswehr war, hat dort in vielen Fällen staunend miterleben können, wie verbreitet diese Haltung unter Mitarbeitern sein kann.

Menschen haben es aufgegeben zu leben, um mit ihrer Arbeit etwas zu bewegen. Allenfalls arbeiten sie noch, um ihr Leben finanzieren zu können.

Manche versuchen, dem Burnout dadurch zu entgehen, dass sie eine Art Doppelleben führen. In der Firma sind sie unscheinbare Existenzen, die – längst in der inneren Kündigung – durch Bürokratismus und Umständlichkeit vor allem versuchen, möglichst wenig in intensive Arbeit verwickelt zu werden. In ihrem Privatleben dagegen blühen sie nach Feierabend in Vereinen oder in ihrem Hobby richtig auf und können sich dort auch Befriedigung verschaffen.

Gerade in sehr schwerfälligen und bürokratischen Organisationen, wie z. B. vielen Ämtern, kommt es bei potenziell fähigen Mitarbeitern häufig zu diesem Kompromiss. Sie erleben sich beruflich konsequent in ihren Begabungen ausgebremst und nehmen in den ersten Berufsjahren immer wieder frustriert wahr, dass keiner ihre Kreativität will. Andererseits wollen sie aber auch die Sicherheit nicht aufgeben, die ihnen z. B. ein Beamtenstatus bietet und wechseln deshalb nicht den Job.

So kommt es dann nicht selten zu diesem Weg eines Doppellebens. Das bewahrt zwar teilweise vor einer Burnout-Symptomatik, ist aber dennoch ein fauler Kompromiss, der zu erheblichen Einbußen der Lebensqualität führt. Kein Mensch kann auf die Dauer ohne Schaden auf eine Weise leben, von der er selbst glaubt, sehr viel seiner Zeit sinnlos zu verschwenden.

Wo ein reduziertes Engagement im Beruf kaum möglich ist, wie z. B. in kaufmännischen Berufen, wird diese Phase umso mehr im Privatleben deutlich. Ein Vater hört abends einfach nicht mehr zu, wenn die Kinder ihm etwas aus der Schule erzählen und signalisiert, dass er mit den Sorgen seiner Frau erst recht nicht belästigt werden will. Stattdessen sitzt er vor dem Fernseher, will in Ruhe gelassen werden und dröhnt sich mit mittelmäßigen Sendungen zu. Sehr oft steigt auch der Alkoholkonsum.

3. Emotionale Reaktionen: Wer hat Schuld?

Wenn zentrale Ziele aufgegeben werden müssen, weil die eigene Energie nicht reicht oder weil von außen Erfolge versagt werden, muss ein Mensch Trauerarbeit leisten. Denn es gilt, Vorstellungen über den Beruf, Ideale oder die eigene Rolle loszulassen und zu korrigieren. Das ist ein schmerzlicher, meist allerhand Ehrlichkeit und Selbsterkenntnis erfordernder Prozess. Ein Weg, dieses Verlorengeben und Loslassen von materiellem und immateriellem Besitz hinauszuzögern oder zu vermeiden, ist die beharrliche Schuldzuweisung. Wer Schuld zuweist, braucht die Tatsachen noch nicht ganz zu akzeptieren, weil er ja nur deshalb keinen Erfolg hatte, weil irgendjemand versagt hat.
Schuldzuweisungen können in zwei Richtungen gehen. Man kann

- sich selbst
- oder anderen

die Schuld an dem unbefriedigenden Zustand zuschreiben.

Wenn ein Mensch die Anklagen gegen sich selber richtet, führt das in die Depression. Das Gefühl der Hilflosigkeit wird als persönliches Versagen interpretiert. Gerade Menschen mit hohen Idealen leiden schnell an Schuldgefühlen, wenn sie diese nicht einlösen können. Es muss am Anfang noch keine Depression im klinischen Sinne sein, der Weg dorthin ist aber vorgegeben. Wer in die Selbstanklagen eingestiegen ist, hat schon geminderte Chancen für erfolgreiche Problemlösungen[2].

Wenn ein Mensch die Schuld an der Misere anderen zuschreibt, führt ihn das in eine – zumindest unterschwellig – aggressive Haltung. Betroffene versuchen dann z. B., nörgelnd und pessimistisch selbst die kleinsten Veränderungen in ihrem Einflussbereich zu behindern. Oder sie haben immer wieder Wutausbrüche gegenüber Untergebenen, Kollegen oder eigenen Familienangehörigen. Manche Ausbrenner schaffen sich so in einiger Zeit ein Umfeld, wo tatsächlich viele gegen sie sind. Das Ganze wird also zum Circulus vitiosus, der sich immer weiter selbst hochschaukelt.

4. Abbau

Im fortgeschrittenen Burnout-Prozess sind Menschen immer weniger in der Lage, äußere Anforderungen zu erfüllen. Das beginnt mit zunehmenden Flüchtigkeitsfehlern und vergessenen Terminabsprachen und führt

---

[2] Zum Unterschied zwischen der geschilderten „neurotischen" Form von Depression durch beharrliche Schuldzuweisung gegen sich selbst und der konstruktiven Phase der „Depression" in der Trauerarbeit s. Martin Grabe: Trauer und Depression (Francke 2002).

zu einem völligen Abbau der Kreativität. Die Betroffenen machen Dienst nach Vorschrift und versuchen, nicht aufzufallen.

Auch die Denkweisen werden bequemer: Jede Vereinfachung wird schnell aufgenommen. Dazu gehören eine Einteilung der Umwelt in ein primitives Gut-Böse-Schema und ein Festhalten an eingefahrenen Verfahrensweisen nach der Devise: „Das haben wir schon immer so gemacht", oder: „Da könnte ja jeder kommen" usw. Mit irgendwelchen größeren betrieblichen Neuerungen sind Menschen in diesem Stadium dann völlig überfordert. Soweit der Abbau ins Bewusstsein tritt, kann er depressive oder Angstreaktionen verstärken, was dann wieder den Abbau beschleunigt.

5. Verflachung

Diese Kategorie ist im Grunde die Fortführung des Abbaus unter Nr. 4. Es kommt nicht nur zu einer beruflichen Erstarrung, sondern zu einer generellen Verflachung des emotionalen, sozialen und geistigen Lebens. Das hat weitere Folgen. Wenn ein Mensch anderen kein wirkliches, tiefes Interesse mehr entgegenbringen kann, ihnen nicht mehr seine ganze Aufmerksamkeit schenken kann, ziehen diese sich auch von ihm zurück. Das kann auch die Partnerschaft betreffen. Ein Betroffener gerät auf diese Weise immer tiefer in die Isolation und Einsamkeit, was die Situation zunehmend aussichtsloser macht.

6. Psychosomatische Reaktionen

Schon in der Anfangsphase eines Burnout zeigen sich psychosomatische Symptome. Dazu gehören, dass Infektionskrankheiten häufiger auftreten, ebenso Schlafstörungen, Kopfschmerzen, Kreislaufbeschwerden, Verspannungen und Verdauungsbeschwerden. Oft kommt es zu einer schnellen Gewichtszunahme, weil Menschen nicht mehr auf ihre Gesundheit achten und im Essen auch unbewusst Trost und Verwöhnung suchen. Wer raucht, tut dieses stärker, ebenso steigt der Alkoholkonsum. In der Folge können dann z. B. koronare Herzkrankheiten oder Magengeschwüre auftreten.

7. Verzweiflung

Das ist sozusagen das Burnout-Endstadium. Das anfangs noch äußerlich begründete Gefühl der Hilflosigkeit hat sich zu einem chronischen Gefühl der Hoffnungslosigkeit verdichtet. Das Leben erscheint sinnlos, Gedanken an Selbstmord werden konkret.

Nun führt ein Burnout-Syndrom zum Glück oft nicht bis in dieses Stadium. Wenn vorher schon heftige Krisen eintreten – wie zum Beispiel bei Bernhard T. –, beinhalten diese auch die Chance, dass Betroffene wieder aus dem Burnout herausfinden, wenn die Krisen selbst auch als hochgefährlich in Bezug auf Suizid gelten müssen.

Entwickelt sich aber tatsächlich über Jahre solch ein chronifizierter Burnout-Endzustand, ist Hilfe nur noch sehr schwer möglich. Betroffene sind so verstrickt in das Gefühl eigener Hilflosigkeit und Angst vor der Gesellschaft mit ihren Anforderungen, dass es oft unmöglich ist, sie für ein aktives Leben zurückzugewinnen. Hemmend kommt sehr oft das kaum bewusste Gefühl hinzu, kompensatorisch ein Recht auf ganz viel Versorgung zu haben („jetzt bin ich endlich mal dran"). Solch ein Anspruch an die Gesellschaft ist zwar nicht rational, weil es nicht die Allgemeinheit war, sondern ein ganz bestimmtes Umfeld, in dem Betroffene ausgebrannt sind. Trotzdem sind unbewusste Forderungen, die sich zum Beispiel in dem Gefühl äußern, einen Anspruch auf Rente zu haben, leider hochwirksam darin, einen Menschen davon abzuhalten, das Leben wieder in die eigenen Hände zu nehmen.

Ich bin manchmal als Gutachter für Gerichte in Rentenverfahren tätig und erlebe da immer wieder diese Situation. Es ist quälend mit anzusehen, wie Menschen, manchmal unter 40 Jahren, aus den genannten Gründen das Leben verweigern und ihnen keiner mehr helfen kann.

4. Warum brennen Menschen aus und was kann man dagegen tun?

Die Amerikaner Friedman und Rosemann fanden in den 70er Jahren heraus, dass es psychische Faktoren gibt, welche die Wahrscheinlichkeit stark erhöhen, eine koronare Herzkrankheit zu bekommen. Das entsprechende Verhaltensmuster nannten sie „Typ A".

Typ A-Menschen sind geprägt von einem hohen Leistungswillen, Konkurrenzdenken, Ungeduld, Perfektionismus, hohem Verantwortungsbewusstsein, Hektik, Aggressionsbereitschaft und starker Zielorientierung.

Typ B-Menschen dagegen bilden fast das Gegenteil. Sie setzen sich keine zu hohen Ziele, kennen ihre Grenzen und haben ein ganz gutes Gefühl für ihr Maß. Übertriebener Ehrgeiz fehlt ihnen ebenso wie starke Neid- und Konkurrenzgefühle.

Sie können sich denken, welcher dieser Typen Burnout-gefährdet ist, oder? Und welche der beiden Alternativen trifft besser auf Sie selbst zu?

Sie wissen, dass Typ A-Menschen auch diejenigen sind, die ein besonders hohes Herzinfarktrisiko haben. Das ist dann der Fall, wenn sie ständig genug Erfolge einfahren und Bestätigung erhalten. Das ist dann wieder Treibstoff zum Weiterbrennen, vielleicht sogar zum verstärkten Weiterbrennen, so dass sie nie zur Ruhe kommen. Emotional fühlen sie sich fit, aber sie hetzen ihren Körper so lange, bis er irgendwann abrupt und vollständig versagt.

Wir haben bisher gesehen: Besonders Burnout-gefährdet sind Menschen, bei denen großer Einsatzwille da ist, die auch sehr viel leisten, oft aus idealistischen Motiven. Im Verhältnis dazu erleben sie aber zu wenig Erfolg und Bestätigung, der sie neu motivieren könnte. Der Akku wird nicht nachgeladen und irgendwann sind sie ausgebrannt.

Etwas sarkastisch ausgedrückt, könnte man also sagen:

Einen Burnout bekommen die, deren äußere Umstände es verhindern, dass sie es bis zum Herzinfarkt bringen.

Aber Sie merken schon, diese Definition hilft uns noch nicht weiter, wenn wir verstehen wollen, warum manche Menschen ausbrennen – im Gegensatz zu anderen.

Ich möchte drei Grundursachen unterscheiden, die dazu führen, dass bestimmte Menschen ein Burnout-Syndrom entwickeln: die „inneren Antreiber", die „äußeren Antreiber", verbunden mit mangelndem Erfolg, und mangelnde Fähigkeiten.

Was bringt Menschen in den Burnout ?

1. „Innere Antreiber"

2. „Äußere Antreiber", verbunden mit mangelndem Erfolg

3. Mangelnde Fähigkeiten

1. Die „inneren Antreiber"

Diese Ursachengruppe – um es gleich zu sagen – ist die weitaus wichtigste. Denn: Ein erwachsener Mensch bestimmt selbst, in welcher Umgebung er sich dauerhaft aufhält, also welchen äußeren Antreibern er sich aussetzt. Er bestimmt auch, was er erlernt, also welche Fähigkeiten er entwickelt, und er sollte ebenso zur Kenntnis nehmen, wenn er bestimmte Begabungen nicht hat. Die Punkte 2. und 3. haben durchaus Eigengewicht, und es lohnt sich, sie anzusehen. Aber wenn ein Mensch dauerhaft unter äußeren Antreibern leidet oder daran, dass er überfordert ist, hat es immer auch mit ihm selbst zu tun, dass er sich diesen Umständen aussetzt. Also mit dem, was ihn innerlich treibt. Das sehen wir uns gleich noch an unseren beiden Beispielfällen an.

Was sind denn nun innere Antreiber?

Es geht im Tiefsten immer um die Wünsche, anerkannt und gemocht zu werden. Allerdings ist das Betroffenen kaum bewusst. Wenn man sie danach fragen würde, würden die meisten sehr verständig sagen: „Natürlich möchte jeder Mensch auch mal anerkannt werden, das ist ja klar." Damit wärs dann intellektuell abgetan. Welch eine lebensbestimmende und lebensdeformierende Durchschlagskraft diese Wünsche aber entfalten können, wenn sie im Untergrund brodeln, davon ahnen Betroffene meist nicht einmal etwas.

Dass solche Wünsche so mächtig werden können, hat immer mit Versagungssituationen in der Kindheit zu tun. Je früher sie stattgefunden haben, desto schwerwiegender sind die Auswirkungen und desto weniger davon ist den Betroffenen bewusst.

Dass Kindheitserfahrungen eine solche prägende Kraft bekommen, liegt zum einen daran, dass sich unsere seelischen Strukturen und auch die hirnorganischen Strukturen, mit denen wir erinnern und lernen, nach der Geburt großenteils erst noch entwickeln. Da ist es entscheidend, unter welchem Vorzeichen sie das müssen.

Zum anderen liegt es daran, dass Erinnerungen in den Größenverhältnissen abgespeichert werden, wie sie zur damaligen Zeit waren. Viele von Ihnen werden schon einmal erlebt haben, wie klein Ihnen alles vorkam, wenn Sie nach langer Zeit einmal an einen Ort zurückgekehrt sind, wo sie sich als Kind aufgehalten haben. Das liegt daran, dass die Erinnerung übergroß, nämlich in Kind-Perspektive, abgespeichert ist. In Bezug auf räumliche

Verhältnisse wäre das nun eigentlich unwichtig. Es gilt aber auch für Machtverhältnisse. Auch diese überdauern in einem Menschen, oft tief ins Unbewusste abgerutscht, in den damaligen Größenverhältnissen. Und jedes Kind ist am Anfang seines Erdendaseins seinen Hauptbezugspersonen fast vollständig ausgeliefert. Diese sind aus Sicht des Kindes riesig und übermächtig. Insofern hat es dann auch so starke Auswirkungen, ob Eltern als verlässlich oder unzuverlässig, als annehmend oder fordernd, als verbietend oder gewährend erlebt werden. Diese Erfahrungen überdauern tief und machtvoll in der heranwachsenden Person. Viele Menschen versuchen unbewusst ihr Leben lang noch, das auszugleichen, womit ihrer damaligen Wahrnehmung nach ihre Eltern bei ihnen unzufrieden waren. Andere kämpfen immer noch dagegen an, indem sie in ihrem Leben das Gegenteil der Elternerwartungen in Szene setzen.

Wie können jetzt aber speziell die genannten unerfüllten Wünsche danach, anerkannt oder gemocht zu werden, bei bestimmten Menschen zu so starken inneren Antreibern werden?

Es gibt drei hauptsächliche Konstellationen, unter denen das geschieht.

1. Es kann um eine in der Kindheit offen gebliebene Sehnsucht nach Anerkennung durch den Vater gehen. Der war vielleicht viel zu sehr mit seiner Arbeit beschäftigt, als dass er für die Kinder angemessen hätte präsent sein können. Nur über besondere Leistungen, war seine Aufmerksamkeit mal vorübergehend zu bekommen. Vielleicht war er auch aus eigener Selbst-

unsicherheit heraus oft zynisch, und die Kinder fühlten sich klein und lächerlich gemacht. Oder er war mit seiner eigenen Leistung unzufrieden und erhoffte sich nun desto mehr von seinen Kindern. Was auch immer die eigentliche Ursache war, es ist eine häufige Situation, dass Menschen, Frauen und Männer, nicht nur in der Kindheit, sondern ihr ganzes Leben hindurch noch versuchen, diese Sehnsucht nach väterlicher Anerkennung zu füllen. Zum Beispiel durch besondere Erfolge, durch Erreichen offizieller Anerkennung oder durch ihre Karriere. Aber es reicht nie. Unbewusste Kindheitswünsche sind so riesig, dass man sie nicht auf diesem Wege erfüllt bekommt.

2. Es kann um einen empfundenen Mangel an mütterlicher Zuwendung gehen. Das wäre dann der Aspekt des Gemocht-Werdens. Vielleicht war die Mutter überfordert, selbst an ihrer Grenze und hatte deshalb nur selten ein Lächeln für das Kind übrig. Das Kind spürte den Mangel an wirklicher Nähe und an Aufmerksamkeit, obwohl eigentlich „alles in Ordnung" war. Manche Mütter lehnen ihre Kinder auch bewusst oder unbewusst ab. Das macht die Situation für das Kind noch extremer. Auf diesem Hintergrund könnte ein Mensch z.B. eine Helferpersönlichkeit entwickeln. Indem er anderen hilft, sichert er sich deren Wertschätzung und Liebe, was ja sein offen gebliebenes Hauptbedürfnis ist. Weil der Bedarf aber nicht gestillt werden kann, muss er sich immer wieder etwas und immer mehr von dieser Droge holen. Das Helfen wird zur Sucht.

Schmidtbauer beschreibt das ausführlich in dem Buch „Hilflose Helfer".

3. Auch äußere Umstände können zum Aufbau innerer Antreiber führen. Zum Beispiel die Stellung in der Geschwisterreihe. So übernehmen die ältesten Kinder in den meisten Familien schon früh eine verantwortliche Rolle für ihre jüngeren Geschwister und bekommen gleichzeitig noch die ganze Wucht der unverbrauchten elterlichen Pädagogik ab. Auf diese Weise nehmen sie meist sehr viel intensiver als jüngere Geschwister in sich auf, was gut und was schlecht ist, was verboten ist und was nicht (tiefenpsychologisch ausgedrückt: ausgeprägte Über-Ich-Strukturen). Später werden sie oft leistungsorientiert, lassen sich leicht Verantwortung aufladen und sind sehr gewissenhaft in der Ausführung.

Jüngere Geschwister haben dagegen mehr mit Rivalität zu tun, und Geschwisterrivalität im übertragenen Sinne kann im späteren Leben ebenfalls zum Burnout-Motor werden. Denn es gibt immer noch jemanden, der etwas besser kann oder der beliebter ist, und man wird mit Konkurrenzkämpfen nie fertig, wenn man leicht darauf anspringt.

Aber auch Armut oder Außenseitertum der Familie kann Auswirkungen auf eine spätere übertriebene Leistungsorientierung haben. „Mir soll es einmal besser gehen!", kann zum lebensbestimmenden Vorsatz werden.

„Innere Antreiber“

1. Sehnsucht nach (väterlicher) Anerkennung
   Lösungsversuch z. B.: besondere berufliche Erfolge
2. Sehnsucht nach (mütterlicher) Zuwendung
   Lösungsversuch z. B.: als Helfer gemocht zu werden
3. Offen gebliebene Wünsche durch äußere Bedingungen wie Geschwisterkonstellation oder sozialen Status
   Lösungsversuch z. B.: Leistungsorientierung, Konkurrenz

Das waren jetzt nur drei von vielen möglichen Konstellationen, wenn ich auch glaube, die entscheidenden. Die Färbung der Leistungsorientierung ist jedes Mal anders. Im ersten Fall geht es eher um Selbstbehauptung und öffentliche Anerkennung, was durchaus einen aggressiven Akzent hat, im zweiten um idealistisch wirkendes Helfen und Liebesbedürfnis, also eher um eine depressive Orientierung. Im Fall der älteren Geschwister steht ein hohes Verantwortungsbewusstsein im Vordergrund und im Fall der Rivalität wieder eher eine aggressive Ausprägung. Allerdings geht es hier vor allem um den Rivalitätsaspekt, was noch etwas anderes ist als der Wunsch nach Anerkennung durch andere (Vaterfiguren). In vielen Fällen ist die Motivation bei Burnout-Betroffenen auch eine Mischung aus verschiedenen dieser Faktoren.

Gemeinsam ist allen „inneren Antreibern", dass es sich leider nicht um bewusste Motivationen handelt. Menschen, die in den Burnout geraten, bemerken bewusst ihre äußeren Bedingungen und vielleicht auch, dass ihnen organisatorische Kenntnisse fehlen, aber von den unbewussten Motivationen wissen sie – das kann definitionsgemäß nicht anders sein – eben nichts.

Das heißt, wir haben jetzt gerade über den großen Teil des Eisbergs gesprochen, der unter der Wasseroberfläche verborgen liegt. Das muss nun allerdings glücklicherweise nicht immer so bleiben. Es ist eine Sache der Selbsterfahrung, des Mich-selbst-Kennenlernens, ob ich auch davon etwas wahrnehme. Es sind insbesondere die Krisen des Lebens, die uns immer wieder mal merken lassen: Es gibt da noch mehr als das, womit wir im Alltag selbstverständlich unser Handeln begründen. Wir merken, dass wir nicht wirklich logisch sind in vielem, was wir da immer wieder, und ohne es in Frage zu stellen, tun, dass wir es aber trotzdem nicht lassen können. Krisen leiten oft einen Weg ein, der zu tieferem Verstehen führt, weil ein Mensch mit dem, was er immer gemacht hat, hart und definitiv an eine Grenze stößt, wo es einfach nicht mehr weitergeht. Viele brauchen allerdings fachliche Hilfe dabei.

So war das auch bei Bernhard T. in unserem Beispiel. Er begab sich in seiner Situation schließlich in stationäre Psychotherapie, weil ihm kein anderer Weg mehr blieb. Erst da wurde ihm einiges von dem richtig deutlich, das ihn bisher so vorangetrieben hatte. Bernhard T. merkte, wie stark er den Leistungsanspruch aus dem Elternhaus mitgenommen hatte, und zwar insbesondere den Wunsch nach Anerkennung durch seinen Vater. Aber auch die Rivalität zum älteren Bruder spielte eine nicht unwichtige Rolle. Schließlich spielten die Eltern diesen immer noch gegen ihn aus. Auf unsere „inneren Antreiber“ bezogen waren bei ihm also vor allem der erste und ein wenig der dritte Punkt in Form von Geschwisterrivalität aktiv. In der realen Drucksituation, dass die wirtschaftlichen Verhältnisse schlechter wurden, war er zu keiner anderen Idee fähig, als immer mehr desselben zu geben. Er arbeitete nur noch. Die Familie wäre fast darüber zerbrochen. Auch dass Kunden ihm zunehmend die Anerkennung für seine Arbeit verweigerten, um die Kosten zu drücken, musste ihn bei seiner Bedürfnislage besonders treffen. Diese war ihm damals ja noch nicht bewusst.

Bei Ingrid stand eher das Helfen im Vordergrund (Antreiber Nr. 2) und all das, was sie als älteste Schwester an moralischen Maßstäben und Verantwortungsgefühl in sich aufgenommen hatte (Antreiber Nr. 3). Dass sie sich so überforderte, hatte sowohl mit ihrem Wunsch zu tun, durch Helfen Liebe und Zuwendung zu erreichen, als auch mit ihrer Verantwortungsbereitschaft und der (sich selbst gegenüber) gnadenlosen Konsequenz, mit der sie einmal übernommene Aufgaben durchführte.

Hauptaufgabe der Psychotherapie – speziell der tiefenpsychologisch orientierten Psychotherapie – ist es, diese unbewussten Motivationen deutlich zu machen. Wenn ein Mensch versteht, aus welchen bisher unbewussten Gründen er sich so hat anstrengen müssen, ist sehr viel gewonnen. Der Bann ist endlich gebrochen. Es steht dann allerdings eine neue Aufgabe an. Auch der Schmerz darüber will zugelassen werden, die Trauer darüber geleistet werden, was denn da die ganze Zeit gefehlt hat, was ein Betroffener die ganze Zeit immer wieder gesucht hat. Der Unterschied ist, dass diese Trauer zu einem Ende kommen kann. Auf bewusster Ebene kann ein alter Wunsch verabschiedet werden, und sei er auch sehr groß. Solange dieser Wunsch auf unbewusster Ebene aktiv ist, muss der Betreffende immer weiter agieren, ohne zu einem Ziel zu kommen. Mit der Klarheit über „innere Antreiber" wächst auch die Fähigkeit, ihnen Grenzen zu setzen. Ich kann nur dazu ermutigen, professionelle Hilfe in Anspruch zu nehmen, wenn es anders nicht mehr recht weitergeht. Wozu sonst steht diese ganze aufwändig ausgebildete Berufsgruppe der Psychotherapeuten zur Verfügung? In der Regel wird es um eine ambulante Psychotherapie gehen. Wer nicht recht weiß, wie man denn einen Therapeuten findet, sei auf das unter „Literatur" erwähnte Infopapier verwiesen.

Aber auch die „äußeren Antreiber" haben einen eigenen Stellenwert. Sie werden allerdings erst dann besonders schädlich, wenn sie sich mit „inneren Antreibern" verbünden.

2. „Äußere Antreiber"

Mit „äußeren Antreibern" meine ich Druck, der sich aus der sozialen Situation oder aus dem Berufsumfeld ergibt. Bei Bernhard T. gab es gravierende „äußere Antreiber". Er hatte hohe Grundkosten im Betrieb und stand auf Grund der knapperen Gewinnspannen unter immer stärkerem Druck, in weniger Zeit noch mehr schaffen zu müssen. Die äußeren Umstände, mit denen er zurechtkommen musste, wären für jeden schwierig gewesen. Aber diese Situation verbündete sich bei ihm mit seiner Leistungsorientierung und seinem Anerkennungsbedürfnis, weshalb es ihm emotional nicht möglich war, die Firma wieder zu verkleinern. Er wusste zwar mit dem Verstand, dass er zu viel arbeitete. Er wusste auch, dass er sich eigentlich viel eher um die nicht bezahlten Rechnungen kümmern müsste, als immer noch mehr zu arbeiten. Aber er war nicht in der Lage, Konsequenzen aus diesen Gedanken zu ziehen. Auch mit den nachträglichen Preisverhandlungen vieler Kunden konnte er nicht professionell umgehen, sondern musste sie als persönliche Kränkung empfinden.

„Äußere Antreiber" im beruflichen Bereich

Die meisten von uns sind nun allerdings nicht selbständig wie Bernhard T., sondern haben Chefs. Und von denen haben manche auch ganz schön ausgefeilte Techniken, unter Druck zu setzen. Außerdem ist jede größere Firma inzwischen schon – oft mehrfach – von irgendeiner teuren Beraterfirma reorganisiert worden, immer mit dem Ziel, dieselbe Arbeit auf noch weniger Mitarbeiter zu verteilen. Es gibt Berufsumfelder, da ist der Druck inzwischen so groß, dass die meisten Menschen darin auf Dauer einfach nicht gesund bleiben können.

Zum Beispiel, wenn in Umbruchsituationen keiner mehr weiß, ob es in einem Vierteljahr seinen Arbeitsplatz überhaupt noch gibt. Gleichzeitig werden oft besondere Leistungen verlangt. Ist aber ein aufwändiges Projekt endlich erfolgreich abgeschlossen, interessiert es oft keinen mehr, weil die Ausrichtung der Firma inzwischen schon wieder verändert wurde.

Wir haben in den letzten Jahren viele sehr fähige Leute als Patienten in der Klinik gehabt, die unter solchen Umständen restlos ausgebrannt sind.

Für die Entwicklung eines Burnout-Syndroms ist dabei nicht so sehr der primäre Stress zuständig, also die eigentlichen Arbeitsanforderungen, sondern der sekundäre. Damit ist das Gefühl gemeint, hilflos zu sein, den unberechenbaren Umständen oder Vorgesetzten preisgegeben zu sein oder nicht beachtet zu werden. Deshalb kam und kommt auch gerade in großen, bürokratischen Behörden die „innere Kündigung" besonders häufig vor. Der primäre Stress ist zwar gerade oft nicht besonders groß in diesen Institutionen, es wird insgesamt nicht besonders viel geleistet. Menschen merken aber, dass kaum jemand ihre Leistungen wahrnimmt, keiner ihre Kreativität will und sie stattdessen immer wieder blockiert werden.

Es gibt inzwischen glücklicherweise eine ganze Reihe von Studien darüber, wie in Unternehmen die Umgangskultur so gestaltet werden kann, dass die Mitarbeiter nicht ausbrennen. Zusammenfassend kam dabei heraus, dass alles prophylaktisch ist, was Mitarbeitern das Gefühl gibt, in einem verlässlichen Rahmen selbst lohnende Prozesse steuern zu können. Menschen brauchen das Gefühl, dass es sich lohnt, was sie tun, dass sie sich auf die Bedingungen einigermaßen verlassen können, und dass sie in gewissem Umfang selbst steuern und mitbestimmen können.

Wichtigste Vorbeugung gegen Burnout in Betrieben:

Mitarbeitende brauchen das Gefühl, in einem verlässlichen Rahmen selbst lohnende Prozesse steuern zu können.

Von zweien dieser Studien möchte ich Ihnen kurz erzählen.

Die erste Studie wurde deshalb begonnen, weil auf einer großen Kinder-Neugeborenenstation ein Drittel der Schwestern in einem Jahr gekündigt hatte.

Nach gründlicher Bestandsaufnahme führten die Forscher mit dem Stationsteam gemeinsam folgende Neuerungen durch:

Zu Beginn jeder Schicht besprach jetzt die Stationsschwester mit den Ärzten, wie viel Neuaufnahmen zu verkraften waren. Vorher war immer weiter aufgenommen worden, egal, wie voll die Station war.

Vereinbarte Urlaubstage wurden für unantastbar erklärt.

Der Dienstplan wurde schon 14 Tage im Voraus bekannt gegeben, so dass man Freizeitaktivitäten verlässlich planen konnte.

Es wurde eine regelmäßige Fortbildung eingeführt.

Die Kündigungsrate fiel danach auf unter die Hälfte des ersten Jahres und blieb da auch.

Insbesondere die Einführung einer klaren Struktur kann helfen, sekundären Stress zu mindern. Alle wissen viel eher, woran sie sind. Eine andere Studie wurde in dem Kindertagesheim einer Universität durchgeführt. Dort war jahrelang üblich gewesen, dass jeder sein Kind bringen oder abholen konnte, wann er wollte. Weil die wechselnden bis 60 Kinder sich in allen Räumen aufhalten konnten, mussten sie mit Namensschildern gekennzeichnet werden, denn kein Mitarbeiter konnte sie alle kennen. Als sich schon mehrere Mitarbeiter in einem fortgeschrittenen Burnout-Stadium befanden, entschlossen sie sich endlich nach langen Beratungen, durchgreifende Änderungen einzuführen.

Es wurden bestimmte Zeiten eingeführt, wo Kinder gebracht und abgeholt werden durften.

Es wurden je zwei Betreuer den vorhandenen sechs verschiedenen Räumen zugeteilt, und diesen wieder eine bestimmte Gruppe Kinder, die auch nicht mehr in die anderen Räume durften. Auf einmal waren keine Namensschilder mehr nötig, es ergaben sich viel engere Kontakte, und Spielangebote konnten gezielt gemacht werden.

Als die Forscher sechs Monate nach der Umstellung die Nachuntersuchung machten, staunten sie nicht schlecht: Die Kinder waren wesentlich entspannter und kooperativer, spielten besser, es gab kaum noch Vandalismus (die Sachen blieben heil), und die Erzieher waren aus dem Burnout heraus.

Rein unter wirtschaftlichen Gesichtspunkten müsste Burnout-Prophylaxe ein ganz wichtiges Anliegen jedes Arbeitgebers sein. Es ist schwer zu schätzen, welcher Riesenbetrag durch Frühpensionierungen, krankheitsbedingte Fehlzeiten, Neueinstellungen und verminderte Arbeitsleistung verloren geht. Auch die „Ansteckung" von Kollegen bei frustrierter Grundhaltung ist ein wichtiger Faktor. Wer keinen Sinn mehr in der Arbeit sieht, beeinflusst auch um sich herum das Betriebsklima äußerst negativ. Wir alle in der Solidargemeinschaft bezahlen das letztlich.

Es ist aber auch eine der wichtigsten ethischen Aufgaben von Leitungspersonen, alles dafür zu tun, dass sie keine Burnout-Abteilung unter sich haben. Die Alternative ist allerdings auch nicht, eine möglichst lasche Arbeitsgruppe, Abteilung oder Einrichtung zu leiten. Stattdessen geht es 1. darum, dafür zu sorgen, dass es für jeden einsehbar sinnvolle Arbeit gibt und 2. darum, aufzupassen, dass der Gesprächsfaden zu den Mitarbeitenden nicht abreißt und diese sich in konstruktiver Weise einbringen können. Natürlich ist auch wichtig, dass die Arbeitsmenge und das Arbeitstempo in einem vernünftigen und gesunden Rahmen bleiben.

Aber das ist der Gedanke, auf den jeder, der arbeitet, zuallererst kommt, und oft geht es in Wirklichkeit um etwas anderes. Wie wir an den Beispielen oben gesehen haben, hätte es an beiden Arbeitsstellen wenig genützt, wenn man zum Beispiel längere Pausen eingeführt hätte. Erst als entfremdete Arbeit mit „Nummernkindern" wieder persönlich gemacht wurde, als verlässliche Rahmenbedingungen geschaffen wurden, konnte ein Gefühl der Sinnhaftigkeit der Arbeit und des persönlichen Ernstgenommenwerdens entstehen. Nur wenn ein echtes Teamgespräch stattfindet, kann für den Einzelnen das Gefühl entstehen, wahrgenommen und ernst genommen zu werden. Entscheidungen sollten, wo möglich, miteinander gefällt werden, und wo das nicht geht, so transparent wie möglich gemacht werden. Es sollte immer Raum dafür sein, dass vernünftige Vorschläge Gehör finden, und zwar völlig hierarchieunabhängig.

Es ist für einen Chef manchmal durchaus anstrengend, wenn nachgeordnete Mitarbeiter erwarten, dass er sich ernsthaft mit jeder Kritik auseinander setzt, die sie vorbringen. Insbesondere, wenn er gerade viel zu tun hat und eigentlich andere „dringende Dinge" anliegen. Vielleicht muss er auch manchmal schlucken, wenn ein Mitarbeiter einfach schneller gedacht hat als er und einen wirklich guten Vorschlag oder Entwurf einbringt, auf den er selbst nicht gekommen ist. Aber ein Klima, in dem das möglich ist, tut jeder Firma am besten! Nichts bringt einen Betrieb – und jedes Projekt – mehr voran, als Mitarbeiter, die ihr kreatives Potenzial einbringen.

Gute Beispiele für dieses Denken finden Sie in den Büchern von Andrew Grove, dem ehemaligen Intel-Chef, und Blanchard/Hybels im Literaturanhang. Aber es tut auch den Mitarbeitern am besten. Denn kaum etwas fördert einen Menschen mehr als zu erleben, dass sein Einsatz sich lohnt. Wenn Arbeit in angemessenem Umfang Kreativität und Selbstverwirklichung zulässt, kann sie zu einem wichtigen Sinngeber werden und damit erheblich zu einem gesunden Leben beitragen.

Das gilt unverdünnt auch für ehrenamtliche Arbeit in einer Kirchengemeinde oder in einem Verein. Ich finde es übrigens an meiner eigenen Leitungsaufgabe mit am spannendsten, immer wieder zu versuchen, genau eine solche Atmosphäre zu schaffen und – trotz diverser Krisen zwischendurch – immer wieder zu erleben, wie gut es tut, dann auch mit lebendigen, kreativen Teams zusammenarbeiten zu dürfen.

„Äußere Antreiber" im privaten Bereich

Bisher habe ich bewusst das Arbeitsumfeld in den Vordergrund gestellt, weil es schließlich der eigentliche äußere Raum ist, in dem sich ein Mensch bewegt. Familie und Ehrenamt als weitere wichtige Bereiche, wo Menschen ausbrennen können, sind privat. Was hier passiert, hat von vornherein viel stärker mit „inneren Antreibern" zu tun, weil es schließlich Situationen sind, die von den Betroffenen selbst geschaffen wurden. Wenn auch, genau genommen, ebenso die Berufssituation irgendwann einmal mehr oder weniger freiwillig aufgesucht wurde.

Trotzdem gibt es auch in diesen „privaten" Bereichen handfeste äußere Konstellationen, die in den Burnout treiben.

In der Familie geht es dabei oft um eine unglückliche Verflechtung der Generationen: Bei Ingrid D. zum Beispiel über das Haus, das der Ehemann von der Schwiegermutter überschrieben bekommen hatte. Die Familie hatte dafür die moralische Verpflichtung der Pflege auf sich genommen, deren Auswirkungen damals noch gar nicht absehbar waren und die dann fast ausschließlich an Ingrid hängen blieb. Auch ungewollte Kinder mit all den damit verbundenen zusätzlichen Aufgaben können starke „äußere Antreiber" sein, ebenso chronisch kranke Kinder, oder Kinder, die besonders hohe Anforderungen an die Erziehung stellen, wie z. B. bei ADHS[3].

Ein weiterer wichtiger Burnout-Faktor im familiären Bereich können Finanzsorgen sein. Betroffene haben oft das Gefühl, dass sie mit ihrer Arbeit gegen Windmühlenflügel kämpfen, weil die Schuldzinsen (zum Beispiel für das zu teuer geratene Eigenheim) alles auffressen. Zusatzjobs lindern vielleicht diese Engpässe, erhöhen aber auf anderer Ebene den Stress.

Ebenso kann sich ein Ehrenamt – trotz aller Freiwilligkeit – zum erheblichen Burnout-Motor entwickeln. Nicht wenige Vereinsvorsitzende zum Beispiel geraten immer stärker in das Gefühl hinein, alles allein machen zu müssen. Insbesondere wenn sie schlecht dele-

---

[3] Aufmerksamkeits-Defizit-Hyperaktivitäts-Syndrom

gieren können oder hier und da Erfahrungen mit der Unzuverlässigkeit anderer gemacht haben. Wenn das Vereinsfest misslingt, fällt es ja tatsächlich zum Teil auf den Vorsitzenden zurück, und das möchte dieser unbedingt verhindern. Seine Motivation ist dann aber immer weniger die Freude an der Sache an sich, sondern viel stärker die Angst, dass etwas schief gehen könnte. In einer solchen Konstellation gibt es nur noch wenig Möglichkeit, Energie „nachzuladen". Betroffene arbeiten nämlich die ganze Zeit aus einem Bilanz-Minus heraus. Es ist nicht wie im günstigeren Fall, dass immer wieder kleine Erfolge auf der Haben-Seite verbucht werden können, sondern diese verringern lediglich das Risiko, dass „alles schief geht". Wer sich noch nicht auf diese Weise auf der abschüssigen Burnout-Bahn bewegt, würde sich zum Beispiel darüber freuen, wenn es ihm gelungen ist, einen guten und günstigen Catering-Betrieb für die Essensversorgung zu verpflichten. Unser Vereinsvorsitzender macht sich stattdessen weiter Sorgen, weil die Musikgruppe noch nicht geantwortet hat und sich noch nicht genug Freiwillige für die Umräumarbeiten gefunden haben. Wenn das Vereinsfest schließlich gut geklappt hat und außerdem noch jemand daran denkt, bekommt er dort dann vielleicht einen Applaus für seine Vorbereitungsarbeit. Aber das ist entschieden zu wenig für ein halbes Jahr Anstrengung, Sorge und Stress. Falls außerdem irgendetwas nicht gut läuft und dann ein paar bissige, vielleicht eigentlich gar nicht so böse gemeinte Kritiken kommen, bringt das den Burnout-Prozess zum Galoppieren.

Insbesondere in ehrenamtlichen Aufgaben, die deren

Inhaber als besonders wichtig oder als Berufung ansieht, liegt ein hohes Burnout-Potenzial.

Da gibt es zum Beispiel die Kindergottesdienstmitarbeiterin, die ihre Arbeit schon seit Jahren zuverlässig tut, aber immer stärker darüber klagt, dass sie eigentlich weitere Mitarbeiter und Mitarbeiterinnen bräuchte, dass sie sich vom Pastor zu wenig unterstützt fühlt, dass die Eltern ihre Kinder nur bei ihr abladen und diese sich dann entsprechend undiszipliniert verhalten usw. Ihr ist nicht bewusst, dass sie sich schon in einem fortgeschrittenen Burnout-Stadium befindet und das auch ausstrahlt. Nicht Freude an der Sache, sondern hohe Ideale und „treue" Pflichterfüllung halten sie (gerade noch) aufrecht. Deswegen lässt sich in der Gemeinde auch trotz all ihrer Appelle kaum jemand motivieren, in diese Arbeit mit einzusteigen. Bewusst oder unbewusst warnt alle, die eigentlich dafür in Frage kommen, die freudlose und druckvolle Art, in der sie versucht, zur Mitarbeit zu „motivieren".

Nicht zu übersehen ist allerdings auch bei diesen Beispielen für „äußere Antreiber", wie stark diese sich mit inneren Strukturen verbünden und dadurch so wirksam werden. Das Ehrenamt an sich kann schon deswegen nicht Alleinursache für den Burnout sein, weil ein Inhaber rein juristisch jeden Tag berechtigt wäre, es komplett niederzulegen.

Damit wären wir dann aber auch bei der wichtigen Frage, was ein Betroffener denn nun machen kann, wenn er sich in einer äußeren Situation befindet, die ihn ausbrennen lässt. Bisher haben wir uns in diesem Abschnitt bereits damit beschäftigt, wie durch strukturelle Änderungen in Arbeitsfeldern, oder auch durch eine geeignete Führungsphilosophie, das Burnout-Potenzial von Arbeitsplätzen wesentlich herabgesetzt werden kann. Was soll ein Mitarbeiter aber tun, wenn in seinem Arbeitsumfeld sichtlich niemand Lust hat, Burnout-fördernde Strukturen zu ändern? Wenn zum Beispiel immer mehr Leistung bei gleichzeitiger Entpersönlichung und Verunsicherung verlangt wird, wie heutzutage in so vielen Großkonzernen? Oder wenn seine Kreativität ständig blockiert wird?

Und was können unsere ehrenamtlichen Ausbrenner für ihre Situation tun?

„Äußere Antreiber“

im beruflichen Bereich

- primärer Stress: die eigentliche Arbeitsbelastung
- sekundärer Stress: das Gefühl, preisgegeben zu sein und kaum Steuerungsmöglichkeiten zu haben bei unzuverlässigen Rahmenbedingungen
- „Ansteckung“ bei ausgebrannten Kollegen

im familiären Bereich

- Erziehungsprobleme
- Pflegeverpflichtungen
- finanzielle Sorgen

im Ehrenamt

- schnell große Verantwortung zu haben
- wenig Möglichkeit, Arbeiten zu delegieren
- oft besonders hohe Ideale

Was kann der Einzelne tun, wenn der äußere Druck zu stark wird?

Zunächst kommt es darauf an, einzusehen, dass es so nicht mehr weitergeht. Die „inneren Antreiber" spielen uns da leider meistens einen Streich. Oft ist es so, dass Ehepartner und Freunde schon lange gemerkt und geäußert haben, dass eine Grenze überschritten ist, während ein Betroffener noch ganz in seinem Verpflichtungsgefühl gefangen ist. Er denkt zum Beispiel immer noch, dass er die Situation zum Guten wenden kann, indem er noch „mehr desselben" gibt. Es kann für Partner oder Freunde ein langer Weg sein, einen Ausbrenner dabei zu begleiten, endlich einzusehen, dass ihm sein Lebensstil nicht gut tut.

Sehr wenig Hoffnung besteht dann, wenn auch Bequemlichkeit ein wichtiger Grund dafür ist, dass ein Mensch in einer Situation verbleibt, die in den Burnout führt. Das ist dann der Fall, wenn jemand seinen abgesicherten Job, insbesondere Beamtenstatus, nicht aufgeben will, obwohl er in seiner Stelle keine echte Chance bekommt, ein konstruktives Berufsleben zu führen. Weil diese Lebensform immerhin meist nicht mit Überstunden verbunden ist, wählen Betroffene oft die oben erwähnte „Lösung" des Doppellebens, wo sie sich, soweit möglich, außerberuflich entfalten.

Um die eigene Situation zu verbessern, gibt es im Prinzip nur zwei Möglichkeiten:

1. *Ändern:* die derzeitige Problemlage (ob es Überforderung oder der Mangel an befriedigenden Arbeitsmöglichkeiten ist) mutig ansprechen, eigene Grenzen zeigen und im möglichen Rahmen aktiv Änderungen einleiten
   oder
2. *Gehen:* eine Tätigkeit aufgeben, um sich ein besser passendes Umfeld zu suchen.

Am meisten Hoffnung, aus der Burnout-Entwicklung herauszukommen besteht dann, wenn ein Betroffener frühzeitig merkt, dass er in einer Tätigkeit gefährdet ist, auszubrennen. Also dass er nicht genug Anerkennung und Steuerungsmöglichkeiten im Vergleich zu seinem Einsatz bekommt. Denn in einem frühen Burnout-Stadium stehen ihm seine Kräfte und Steuerungsmöglichkeiten noch weitgehend zur Verfügung. Schon in der Phase des „reduzierten Engagements" sind die Chancen wesentlich geringer, dass ein Betroffener noch tatkräftig etwas an seiner Situation ändern kann. Viele Burnout-Betroffene sind in einem späteren Stadium einerseits zutiefst davon überzeugt, dass sie es sowieso niemals schaffen würden, etwas anderes anzufangen, aber auch davon, dass sie niemals irgendwo anders eine Chance bekommen würden. Gleichzeitig ist oft immer noch die Überzeugung da, dass sie ihre Aufgabe, vielleicht auch ihre Berufung, unbedingt noch weiterzuführen haben. Was passieren würde, wenn sie zum

Beispiel ihren Beruf aufgeben würden, wird eigentlich nicht zu Ende gedacht. Stattdessen ist es ein diffuses Schreckensbild irrationaler Ängste vor Verarmung oder dem Ausgestoßenwerden, das es für diese Menschen unmöglich macht, ernsthaft über Alternativen nachzudenken.

Bei ehrenamtlichen Tätigkeiten oder in der Familie ist es auch oft ein schlechtes Gewissen, das sich einstellt, sobald nicht mehr alle vermeintlichen Pflichten erfüllt werden, welches deren Aufgeben undenkbar macht.

Ich habe schon oft erlebt, wie erleichtert Menschen waren, wenn sie sich – nachdem auf Grund eines völligen Zusammenbruchs ein Klinikaufenthalt nötig war – endlich zu Entscheidungen durchringen konnten: Am Arbeitsplatz erstmals ein mutiges Gespräch mit ihrem Chef zu führen, in dem sie ihm ihre Bedingungen sagten; ein zu schweres Studium aufzugeben und erst mal ein soziales Jahr in einer Wunscheinrichtung zur weiteren Orientierung zu machen; in Rente zu gehen; eine pflegebedürftige Angehörige im Heim unterzubringen und vieles mehr.

Die erste Möglichkeit, eine äußere Burnout-Situation zu ändern, die ich oben genannt habe, war aber, diese mutig anzusprechen, eigene Grenzen zu zeigen und im möglichen Rahmen Änderungen zu schaffen. Das geht allerdings nur, wenn ein Mensch davon überzeugt ist, dass er – zumindest zur Not – auch anders könnte. Wer sich ausgeliefert, angewiesen und verpflichtet fühlt, kann auch nicht mutig für sich einstehen.

Für sich einstehen und Grenzen setzen könnte für einen Mitarbeiter zum Beispiel heißen, dem Vorgesetzten in sachlicher Weise mitzuteilen, dass er nicht mehr bereit ist, unbezahlte Überstunden zu leisten. Oder mindestens zwei Wochen im Voraus verbindlich seine Arbeitszeiten wissen möchte. Oder dass Vorgesetzte und Kollegen gerne mit ihm über alles sprechen dürfen, aber keinesfalls in einem solchen unverschämten Ton. Oder dass er dieses neue Projekt leider noch nicht annehmen kann, da er schon mit den zwei vorigen noch mehr als ausgelastet ist.

Unser Vereinsvorsitzender könnte zum Beispiel ankündigen, dass es auch in diesem Jahr wieder das beliebte Vereinsfest geben soll, es aber nur stattfinden kann, wenn sich noch ein Vorbereitungsausschuss zusammenfindet, der die komplette Verantwortung übernimmt. Sonst müsse es leider ausfallen. Und Ingrid D. wird vermutlich ihrem Mann mitteilen müssen, dass die Pflege seiner Mutter ihr so sehr schadet, dass sie nicht mehr bereit ist, sich dort in irgendeiner Hinsicht zu engagieren.

Das wäre dann die zweite Möglichkeit, nämlich die, die Burnout-trächtige Tätigkeit aufzugeben. Möglicherweise wird Ingrid ihren Mann sogar bitten müssen, sich zwischen ihr und der Schwiegermutter samt Haus zu entscheiden.

Wenn es darum geht, eine schädigende Situation endlich zu ändern, ist eine beliebte und wichtige Frage aller Therapeuten: Was könnte eigentlich schlimmstenfalls passieren, wenn Sie das täten, was Sie sich die ganze Zeit nicht getraut haben?

Wer diese Frage in Bezug auf eine äußere Bedingung, die ihn ausbrennen lässt, wirklich einmal zu Ende denkt, merkt oft, dass die Alternative zur jetzigen Situation gar nicht die dumpf erwartete Katastrophe ist. Manchmal bedeutet die Alternative weniger Geld, manchmal, dass ein paar Leute enttäuscht sind (das heißt im eigentlichen Wortsinn, dass man sie vorher die ganze Zeit getäuscht hat!) und immer, dass man ein übersteigertes Selbstbild loslassen muss. Sie merken, wir kommen von den inneren Gründen für einen Burnout auch in diesem Abschnitt nie ganz los.

Übersteigerte Selbstbilder könnten in Bezug auf unsere Beispiele so aussehen:

- Ich bin ein Mitarbeiter, auf den man sich hundertprozentig verlassen kann, der die Kohlen auch unter schwierigsten Bedingungen aus dem Feuer holt.
- Von mir kann man erwarten, dass meine Vorträge und Präsentationen immer ein Volltreffer sind.
- Wenn ich eine Aufgabe übernommen habe, führe ich sie auch zu Ende. Ich verachte Menschen, die ihr Wort brechen, wenn sie dieses einmal gegeben haben.
- Ich bin eine Mutter, die jederzeit für ihre Kinder da ist und ihre Entwicklung optimal fördert.
- Ich bin die Seele des Vereins, ohne mich läuft einfach nichts.
- Ich bin für die geistliche Entwicklung von zwei Dutzend Kindern verantwortlich.

Und so weiter.

Solch ein Abschied tut weh, aber er ist auch unglaublich befreiend.

Zum Schluss dieses Absatzes möchte ich noch ein bekanntes Märchen erwähnen, in dem die Hauptpersonen mutig ihre Burnout-Situation ändern: die Bremer Stadtmusikanten. In dieser Geschichte entschließen sich vier alte Tiere, die in ihrem bisherigen Umfeld nichts Gutes mehr zu erwarten haben, dazu, nach Bremen auszuwandern, und machen unterwegs ihr Glück. Ihr Leitsatz ist: „Lasst uns nach Bremen gehen. Etwas Besseres als den Tod finden wir überall." Das ist ein Satz, den man vielen Burnout-Kandidaten ins Stammbuch schreiben sollte. Denn genau um dieses Thema geht es sehr oft. Betroffene fühlen sich durch ihre Lebenssituation so entmutigt und in die Enge getrieben, dass sie überhaupt keine Lust zum Leben mehr haben. Das sind zunächst noch keine konkreten Suizidgedanken, sondern einfach ein überwältigend mieses Gefühl, wenn sie an ihr Leben und den nächsten Arbeitstag denken. Sie ändern aber trotzdem nichts.

Die Tiere im Märchen hatten diesen Zustand satt und taten etwas dagegen. Ein Mensch hat es erst recht nicht nötig, so etwas auf Dauer mitzumachen. Wer sein Leben, so wie es jetzt ist, nicht genießen kann, sollte etwas ändern!

Nach den „inneren und äußeren Antreibern" soll jetzt noch von dem dritten Grund die Rede sein, der Menschen ausbrennen lässt.

3. Mangelnde Fähigkeiten

Ein Grund für Burnout kann auch schlicht und einfach sein, dass jemand seiner Aufgabe nicht gewachsen ist. Da gibt es doch nur zwei Möglichkeiten, könnte man sagen: Man sollte sich entweder nachqualifizieren oder wechseln. Aber Sie ahnen ja schon: So einfach ist auch das nicht. Denn meist hat es Gründe, dass ein Mensch mehr wollte als er kann und deswegen in dieser Aufgabe drinsteckt. Und Sie ahnen auch: Das sind meist keine äußeren Gründe. Wir kommen doch wieder bei den „inneren Antreibern“ an.

Trotzdem lässt sich viel lernen, was Zeitmanagement und Selbstorganisation angeht. Es gibt in Kursen, Büchern und Zeitschriften eine Menge gute Tipps und Methoden. Oft findet man davon auch eine Auswahl in Artikeln oder Büchern über Burnout-Prophylaxe. Ich finde solche Themen immer wieder interessant und habe persönlich schon häufig von guten Ideen profitieren können, die Zeit sparen, das Leben vereinfachen und das Arbeiten effektiver machen. Zum Beispiel aus der Zeitschrift „Simplify“ (s. „Literatur“). Aber, das können Sie mir auch glauben, damit halten Sie niemanden vom Burnout ab. Ein Arbeitstier nutzt all diese Tricks nur dazu, sich noch mehr aufzuladen und noch mehr zu schaffen. Das sage ich jetzt durchaus auch aus eigener Erfahrung. Mit dem Burnout geht es eher schneller, wenn auf Grund guter Organisation z. B. Wegezeiten entfallen, Briefe schneller raus sind und noch ein Projekt dazwischengeschoben werden kann.

Bei Bernhard T. gab es im Organisationsbereich eine

ganze Menge zu verbessern. Auch wenn es vor dem Zusammenbruch seine unbewussten Wünsche waren, die ihn davon abhielten, sich mit notwendigen Änderungen, wie der erforderlich gewordenen Betriebsverkleinerung, zu beschäftigen. Erst nach der Therapie konnte er sein Leben anders einrichten.

Mit der Klarheit über „innere Antreiber" wächst auch die Fähigkeit, ihnen Grenzen zu setzen. Das tat Bernhard sehr konkret. Er schafft es jetzt beispielsweise fast immer, zum Abendessen mit seiner Familie zu Hause zu sein. Und obwohl seine Firma nur noch halb so groß ist, hat sich seine Arbeit weitgehend auf Bürotätigkeit und Kundengespräche verlagert, weil er verstanden hat, dass er mit diesen bisher für ihn „nicht richtigen" Arbeiten viel effektiver ist.

Der Punkt der tätigkeitsbezogenen Fähigkeiten hat schon ein eigenes Gewicht. Es ist mit Sicherheit so, dass viele Menschen großenteils deshalb ausbrennen, weil sie mit ihren Aufgaben überfordert sind. Einer Person mit besseren Möglichkeiten und größeren Kenntnissen wäre das nicht passiert. Die Fälle sind relativ selten, wo tüchtige Mitarbeiter Beförderungen oder eine Ausweitung ihres Verantwortungsbereichs ausschlagen, weil sie spüren, dass es ihnen dann zu viel würde oder sie überfordern würde. Nicht selten sind genau die Mechanismen wirksam, die im bekannten Peter-Prinzip pointiert zusammengefasst wurden: Jeder wird so oft befördert, bis er eine Ebene erreicht hat, der er nicht mehr gewachsen ist. Weitere Beförderungen bleiben dann wegen sichtbarer Unfähigkeit aus. Effekt: für den Rest ihrer Berufstätigkeit besetzen Mitarbeitende Posten und Ämter, mit denen sie eigentlich überfordert sind.

Insofern können berufsbegleitende Fortbildung, Nachqualifizierungen oder Weiterbildung in Management und Organisation durchaus einen Burnout-prophylaktischen Effekt haben. Wer sich dauerhaft von seinem Verantwortungsbereich überfordert fühlt, sollte aber auch darüber nachdenken, wie er diesen wieder verkleinern kann. Das braucht durchaus nicht immer ein „harter Schnitt" zu sein wie ein Wechsel an einen anderen Arbeitsplatz. Innerhalb von Betrieben lassen sich oft gute interne Lösungen finden, zumal die meisten Kolleginnen und Kollegen ja nur darauf warten, ihren Verantwortungsbereich vergrößern zu dürfen. Zum Beispiel lassen sich im Rahmen einer Stundenreduzierung auch Aufgabenbereiche ohne Gesichtsverlust abgeben. Wenn eine Lehrerin die Leitung ihrer Fachgruppe abgibt, nimmt es ihr in der Regel niemand übel und sie macht einen Kollegen glücklich. Und ein Manager könnte im Rahmen der nächsten betrieblichen Umorganisation einmal bewusst darauf verzichten, darum zu kämpfen, einen möglichst noch größeren Verantwortungsbereich abzubekommen, wie er es bisher immer getan hat.

5. Wie entwickelt man eine Anti-Burnout-Grundhaltung?

Im vorigen Kapitel haben wir darüber gesprochen, wie eine betriebliche Burnout-Prophylaxe aussehen kann, und wie sich ein Betroffener aus einer identifizierten Burnout-Situation befreien kann.

Aber welche Fähigkeiten sind es denn, die einen Menschen davor schützen können, einen Burnout zu bekommen? Wie wir gesehen haben, ist Burnout ja überwiegend eine sehr individuelle Verstrickung.

Eine Burnout-Vorbeugung muss da ansetzen, wo eine Person Gefahr läuft, sich immer stärker in ein erhöhtes Engagement hineinzusteigern, ohne dass damit ein entsprechender Erfolg zu erreichen wäre. Das Problem ist, dass Betroffene das meist nicht merken. Alles ergibt sich wie von selbst. Im Untergrund köcheln die „inneren Antreiber“ und verbünden sich mit äußeren Strukturen und mangelnden Fähigkeiten. Der Tag reicht schon längst nicht mehr aus für all die Dinge, die erledigt werden müssten. Deswegen geht es am nächsten Tag mit entsprechendem Druck weiter.

Eine bewusste Richtungsänderung ist nur möglich, wenn einem Menschen gelingt, Abstand zu dem einzunehmen, was er da tut. Das trifft erst recht zu, wenn es gilt, einen laufenden Burnout-Prozess zu stoppen.

Abstand zum Alltag bekommen

Für einen Burnout-Kandidaten gibt es nur zwei Wege, diese erforderliche Distanz zum Alltag zu bekommen: ***Krisen*** und ***Nachdenken***.

Krisen sind der unfreiwillige dieser beiden Wege. Außerdem führen Krisen nicht unbedingt zum Erfolg. Wer im Stadium der „Verzweiflung“ des Burnout angekommen ist (s. Kap. 3.7.), befindet sich zum Beispiel in einer akuten Krise, nur ist trotzdem die Frage, ob er wieder herausfindet.

In unseren Fallbeispielen ist das allerdings glücklicherweise gelungen. Bei Bernhard T. führte der Zusammenbruch letztlich zu einer weitgehenden und erfolgreichen Umstrukturierung seines Arbeitsalltages. Allerdings hatte er es trotz aller Probleme lange nicht wahrhaben wollen, dass es wirkliche Änderungen brauchte. Erst als tatsächlich nichts mehr ging, ließ sich Bernhard T. auf einen neuen Weg ein, zunächst auf die Therapie.

Ingrid D. hatte sich selbst immer noch nicht eingestanden, dass sie schon längst am Ende war. Wahrscheinlich hätte sie noch einige Wochen durchgehalten bis zum völligen Zusammenbruch, wenn nicht ihre beherzte Freundin eingegriffen hätte.

Beide brauchten in ihrem fortgeschrittenen Burnout-Zustand dringend fachliche Hilfe, die sie auch in Anspruch nahmen.

Krisen zwingen Menschen zum Umdenken. Es wird unübersehbar: In der bisherigen Richtung geht es nicht weiter. Krisen können Menschen endlich wach und offen dafür machen, sich mit einem weiteren Blick als bisher umzuschauen, wie man die Dinge denn auch noch anfassen könnte. Dass es mit ihren bisherigen Methoden nicht weitergeht, hat die Krise offenkundig gemacht. Deswegen beinhalten Krisen auch immer die Chance, dass es jetzt endlich gelingt, einen sinnvolleren und schöneren Lebensaufbau zu wagen. Aber es kann auch sein, dass ein Mensch schon so tiefen Schaden genommen hat, dass er nicht mehr die Kraft und Übersicht hat, diese Chance zu nutzen. Das ist in späten Stadien des Burnout der Fall, wo es um eine Chronifizierung der frustrierten Grundstimmung geht, oder in denjenigen akuten Selbstwertkrisen, wo ein Mensch seinem Leben ein Ende bereitet.

Der bessere Weg ist, wenn Menschen sich immer wieder einmal die Zeit nehmen, über ihr Leben nachzudenken. Aber gerade für einen Burnout-Anwärter ist das gar nicht so einfach!

Es ist nämlich sozusagen paradoxes Handeln von ihm gefordert. Er muss ganz bewusst für eine Weile mal „die Zeit davonlaufen lassen“ und die Tür hinter sich zumachen, um zur Ruhe zu kommen. Martin Luther soll einmal gesagt haben, er habe heute derartig viel zu tun, da müsse er sich erstmal die doppelte Zeit zum Beten nehmen wie sonst. Das drückt genau dieses Herzinfarkt- und Burnout-prophylaktische Paradox aus, und ich vermute, dass deshalb auch dieser Satz schon immerhin fast 500 Jahre überliefert wurde.

Wenn wir mit entsprechenden „inneren Antreibern“ ausgestattet sind und uns in entsprechender Umgebung befinden, wird uns immer der Sog bestimmen, der von den vermeintlich selbstverständlich notwendigen Dingen ausgeht. Jeder Mensch tut von Natur aus zunächst einmal das gefühlsmäßig Nächstliegende. Solange wir nicht darüber nachdenken, werden wir von den Selbstverständlichkeiten regiert. Dass es gar keine objektiven, allgemein gültigen Selbstverständlichkeiten sind, merken wir erst, wenn wir darüber nachdenken. Gerade die Leitsätze, die uns den meisten Druck machen, sind meistens höchst subjektiv und bilden eine recht spezielle Wahrheit, die überwiegend mit unserer persönlichen Entwicklungsgeschichte zusammenhängt: Ob wir zum Beispiel der Überzeugung sind, mit noch größerer Anstrengung endlich eine sichere finanzielle Basis für die Familie erreichen zu müssen, dass unsere Patienten ein Recht darauf haben, dass wir Tag und Nacht für sie da sind, oder unsere Schüler bei uns endlich mal alternativen, wirklich interessanten und lebensrelevanten Unterricht bekommen sollen. Dass hinter diesen idealistischen Zielen ganz bestimmte eigene Wünsche und Sehnsüchte stecken, können wir erst aus dem Abstand heraus ansatzweise bemerken.

Psychotherapie ist im Grunde ein ritualisiertes Abstandnehmen und Nachdenken über das selbstverständlich vor sich hinlaufende Leben, wobei Fragen und Denkanstöße durch eine professionelle Person den Prozess fördern. Hier kann auch in festgefahrenen Situationen wirksame Hilfe in Anspruch genommen werden.

Die meisten Menschen brauchen aber keine Psychotherapie im engeren Sinne. Es kommt darauf an, dass sie sich selbst regelmäßig Zeit zum Reflektieren nehmen. Es ist zum Beispiel ein riesiger Unterschied, ob ein viel beschäftigter Mensch am freien Samstag nach dem Frühstück als Erstes Rechnungen prüfen geht, den Stapel mit Klassenarbeiten ausbreitet oder zum Wochengroßeinkauf aufbricht – oder ob er sich mal für eine oder zwei Stunden zurückzieht, wobei ihn vereinbarungsgemäß niemand aus der Familie stört.

Wer sich mehr oder weniger regelmäßig solch eine Zeit nimmt, um über die vergangene Woche nachzudenken und Abstand zu sich selbst zu gewinnen, wird verändert daraus hervorgehen. Es wird wieder klarer, ob all das wirklich ausgewogen war, womit wir die Woche verbracht haben. Vielleicht haben sich manche Sachen als sehr dringlich gebärdet und in den Vordergrund geschoben, dafür ist wirklich Wichtiges liegen geblieben. Vielleicht fällt uns ein, zu welchem Freund wir schon seit Wochen Kontakt aufnehmen wollten. Oder vielleicht merken wir endlich einmal, wozu wir wirklich Lust hätten. Auch das war gar nicht mehr spürbar in allen Verpflichtungen. Für gläubige Menschen kann das Gebet hier eine wichtige Rolle spielen. Natürlich gibt es auch allerhand christliche Burnout-Kandidaten, bei denen das Gefühl, eine moralische Verpflichtung zum Gebet zu haben, den Druck nur erhöht und die Liste der Pflichten verlängert, die sie sowieso nicht schaffen. Richtig verstandenes Gebet dagegen ordnet auf lebensfördernde Weise unsere Prioritäten neu und bewirkt immer wieder eine befreiende Relativierung der eigenen Wichtigkeit in der Gottesbegegnung.

Wer ab und zu in den Abstand geht und über sich nachdenkt, kann in Bezug auf unser Thema, insbesondere zu zwei Bereichen, eine neue Einstellung gewinnen. Das ist das Thema Zeit und das Thema der eigenen Wichtigkeit.

Zeitsparen: ein gutes Geschäft?

Viele kennen die Geschichte „Momo" von Michael Ende. In diesem klugen Märchen, das Erwachsenen genauso viel zu sagen hat wie Kindern, wird geschildert, wie „graue Herren" unmerklich die Herrschaft in der Welt übernehmen. Diese Geschöpfe sehen aus wie Geschäftsleute, sind aber parasitäre Wesen, die ausschließlich von der Zeit der Menschen leben. Sie tauchen einfach bei einzelnen Personen auf und überzeugen sie davon, wie viel ihrer kostbaren Lebenszeit sie doch mit sinnlosen Sachen vertun. Zum Beispiel einen Kanarienvogel zu versorgen, Besuche bei einer alten Frau zu machen, nur weil sie sich darüber freut, einfach so spazieren zu gehen oder eine Clique alter Männer im Lokal zu dulden, die verkommen aussehen, schickere Kundschaft abschrecken und sowieso fast nichts trinken. Wenn ein „Kunde" dann nach einiger Überzeugungsarbeit tatsächlich reumütig einsieht, wie viel seiner Lebenszeit er bisher sinnlos vertan hat, und einwilligt, ab jetzt Zeit sparen zu wollen, haben die grauen Herren schon gewonnen. Die Zeitsparkasse brauche keine schriftlichen Verträge, und man brauche sich nicht darum zu kümmern, was mit der eingesparten Zeit passiere, beteuern die „grauen Herren" dann noch. Sie lande schon automatisch bei ihnen. Und tatsächlich: Die „Kunden" stellen erstaunt fest: Obwohl sie im Vergleich zu früher unglaublich viel Zeit sparen, ihr Leben durchrationalisieren und alles „Sinnlose" abschaffen, bleibt nie das Geringste von der eingesparten Zeit übrig. Sie ist immer spurlos verschwunden.

Die Geschichte beschreibt dann noch, wie es mit verschiedenen Kunden weitergeht. Aus einem leichtlebigen und fröhlichen Touristenführer wird zum Beispiel ein gefragter, aber völlig gestresster, unzufriedener und selbst verachtender Fernsehstar ohne jeden persönlichen Freiraum und aus einem gemütlichen Kneipenwirt der gehetzte Besitzer eines lauten und hektischen Selbstbedienungs-Schnellrestaurants. Beide merken kurz, dass sie im Gegensatz zu früher ziemlich unglücklich sind, als eine alte Freundin sie besucht, aber dann holt der Alltag sie ein und sie hetzen weiter.

Natürlich hat die Geschichte ein Happyend, sonst wäre sie kein gutes Märchen.

In der Wirklichkeit kommt es leider oft nicht wie dort zu einer Rückverwandlung der gestressten Zeitsparer zu Menschen, die zufrieden sind und Zeit haben.

Was aber auch in der Wirklichkeit gilt: Gesparte Zeit ist tatsächlich spurlos und ersatzlos weg. Eine Aktivität grenzt druckvoll an die andere, und nirgends taucht die viele durch Effektivitätserhöhung eingesparte Zeit im Leben eines Menschen wieder auf. Bei vielen Menschen lässt sich leider sogar beobachten, dass tatsächlich am Ende ihre Gesamtlebenszeit um etwa den Betrag kürzer ist, den sie vorher in ihrer Lebenshetze an Zeit gegenüber anderen eingespart haben. Das gilt insbesondere für die Typ A-Menschen mit ausreichendem Erfolg.

Wer einen Schritt zurücktritt und sein Leben aus größerem Abstand ansieht, merkt, dass die Zeit, die uns voraussichtlich zur Verfügung steht, durchaus begrenzt ist. Und dass viele Dinge, die ihm Freude machen, die ihm und anderen gut tun würden, nie darin vorkommen werden, wenn er im jetzigen „effektiven" Stil weitermacht. Wenn wir uns trauen, uns klarzumachen, dass wir einmal sterben müssen und nichts Materielles mitnehmen können, stellt sich die Frage danach ganz neu, was denn überhaupt Sinn macht vor diesem Hintergrund.

Beziehungen, die vorher oft leichthin an die Seite geschoben wurden, um mehr zu schaffen, gewinnen auf einmal sehr an Gewicht. Wie schnell ist man gerade heutzutage die Begründung für alle Aufopferung und Hetze los: Wenn auf einmal der Job weg ist, die Kinder aus dem Haus gehen oder die zu pflegende Angehörige stirbt. Was bleibt denn, wenn nicht gute Beziehungen, die wir vorher aufgebaut haben? Wenn wir nachdenken, stellt sich auch die religiöse Frage nach unverlierbaren Beziehungen.[4]

In Bezug auf Zeitsparen haben wir als Familie vor gut einem Jahr eine unglaublich nutzlose Entscheidung getroffen: Wir haben uns einen Hund angeschafft. Nora, Berner Sennenhündin. Also auch noch ein 40-kg-Brocken. Sie hat wirklich keinen praktischen Nutzen, muss man ehrlicherweise zugeben. Stattdessen haben wir viel Zeit zum großen Teil vergeblich in ihre Erziehung gesteckt (sie zieht immer noch an der Leine

[4] Mehr zur Sinnfrage in Grabe: Die Alltagsfalle (s. „Literatur").

und kommt meist erst, wenn sie selbst davon überzeugt ist), ungezählte Seen im Flur weggewischt und aufgehört, die Tierarztbesuche zu zählen. Außerdem muss an jedem Vor- und an jedem Nachmittag mindestens einer von uns mit ihr raus – bei jedem Wetter.

Hinzu kommt noch, dass wir auch vorher schon eine wirklich vollbeschäftigte Familie waren. Unsere vier Kinder sind auch vorher schon oft bis zum Abend mit ihren Hausaufgaben, Musikinstrumenten und Sportterminen nicht fertig gewesen. Von uns Erwachsenen ganz zu schweigen.

Merkwürdigerweise kommt trotzdem jeder von uns mehrmals am Tag dazu, mal kurz, mal länger mit ihr herumzuknuddeln. Das ist aber nie geplant. Zum Beispiel wird jeder, der ins Haus zurückkehrt, erst mal ausführlich mit Anstupsen, Schwanzwedeln und Fiepsen begrüßt. Was wir Familienmitglieder unsererseits in diesen Szenen für Unfug verlautbaren, sollte besser nicht aufgenommen werden. Unter Effizienzgesichtspunkten ist es sowieso völliger Schwachsinn, überhaupt mit einem Hund zu reden. Aber der Begrüßte fühlt sich unverkennbar gut dabei. Ebenso haben wir bemerkt, dass diejenigen, die mit Nora einen Spaziergang gemacht haben, fast immer in deutlich besserer Laune zurückkommen, als sie sich vorher befanden. Obwohl sie ja gerade mindestens eine halbe Stunde ihrer kostbaren Zeit sinnlos verschwendet haben.

Als meine Kinder neulich auf einer langen Autofahrt die Momo-Kassetten hörten, fiel ihnen auf, dass Nora eigentlich genau das Gegenteil von den „grauen Herren“ der Geschichte ist. Sie stiehlt nicht Zeit, sondern sie schenkt Zeit. Das schnell laufende Alltagsgetriebe steht sozusagen in ihrem Umfeld immer wieder mal eine Weile still. „Eine richtige kleine Zeitfee", stellten wir gemeinsam fest.

Bitte missverstehen Sie mich jetzt aber nicht. Ich bin mir mit Ihnen sehr einig darin, dass menschliche Beziehungen natürlich viel wichtiger sind. Ebenso möchte ich keine Reklame für die Anschaffung eines Hundes machen. Dadurch dass uns diese Veränderung in der Familie aber alle gleichzeitig betraf, ließ sie sich so deutlich bemerken. Was ich an diesem Beispiel zeigen möchte: Es tut jedem Menschen gut, wenn seine rasende Zeit mal einen Moment stillstehen darf. Was dafür sorgen kann, sind kleine und größere Freiräume, wo Beziehungen im Vordergrund stehen dürfen. Davon soll gleich noch weiter die Rede sein.

Jetzt möchte ich mich der Anti-Burnout-Grundhaltung aber noch von einer anderen Seite annähern, nämlich der Frage nach der persönlichen Wichtigkeit. Das ist neben der Zeit der zweite Bereich, zu dem wir eine neue Einstellung gewinnen müssen.

Bin ich so unersetzlich?

Wer sich aufreibt, wer pausenlos im Einsatz ist, wer keine Zeit mehr hat, einmal darauf zu achten, ob sein Akku noch aufgeladen ist, der tut das deshalb, weil er sich unersetzlich fühlt. Wer sollte die Arbeit denn sonst machen?

Wenn wir der Meinung sind, dass wir unersetzlich sind, müssen wir unsere Zeit möglichst effektiv in unsere wichtige Hauptaufgabe stecken. Unserem Gefühl nach wäre es unverantwortlich, Zeit mit Trödelei, Spazierengehen oder sinnlosen Hobbys zu vertun. Dass unsere Beziehungen auch zu kurz kommen, finden wir zwar bedauerlich, aber leider kaum zu ändern. Wahrscheinlich würden wir sogar niemals zugeben, für wie wichtig wir uns halten, auch vor uns selbst nicht. Unser Handeln prägt aber das, was ganz unabhängig von unseren Lippenbekenntnissen tief in uns steckt. So lange es diese Überzeugung ist, dass ohne uns die Sachen nicht richtig laufen, dass nur wir es optimal hinbekommen, sind wir dem Burnout ausgeliefert. Wir können dann im Grunde nichts loslassen, abgeben oder delegieren. „Am besten, ich mache es schnell mal selbst" oder „Wenn ich es nicht mache, wird ja doch nichts Vernünftiges draus" sind beliebte Denkfiguren bei Ausbrennern.

Im Abstand merken wir vielleicht, dass diese Einstellung so absolut nun auch nicht stimmt. Vielleicht können wir sogar den Schuss Komik bemerken, der darin steckt, dass wir uns so wichtig nehmen. Wir haben sozusagen unsere Welt um uns als Mittelpunkt zentriert. Was würde eigentlich Schlimmes passieren, wenn wir zu dieser Tagung am Wochenende und zu jenem Empfang am Abend nicht hingingen? Wahrscheinlich würde beides trotzdem ganz passabel über die Bühne gehen. Ist es wirklich so wichtig, überall unseren Senf dazuzugeben oder unser Gesicht zu zeigen, dass wir die ganze Woche über keine Zeit mehr für unsere Kinder oder unsere Ehe haben? Oder vielleicht merkt eine Hausfrau, welche blödsinnigen Vorgartenpflege- und Fensterputzarbeiten sie sich auferlegt, nur damit die Nachbarn nichts zu reden haben. Was würde eigentlich passieren, wenn die mal über ihren Vorgarten tratschen? Oder ein Pastor erwischt sich dabei, wie er gerade mit besonders viel Ehrgeiz seine Predigt über Demut vorbereitet. Oder unserer krankgeschriebenen Altenpflege-Stationsleiterin aus den Einstiegsbeispielen wird klar, dass der Laden ja nun tatsächlich schon wochenlang auch ohne sie läuft, obwohl sie vorher immer dachte, dass es nur mit Überstunden ihrerseits zu schaffen sei.

Wir können Dinge am besten tun, wenn ein kleiner Schuss Spielerisches dabei ist. Wenn der, der sie tut, weder sich selbst noch die Dinge so ganz bierernst nimmt.

Ich wurde vor vielen Jahren einmal in einer Gemeinde, der ich angehörte, dazu überredet, dort sonntags den „Klavierdienst" zu übernehmen, was vor allem hieß, die Gemeindelieder zu begleiten. Es war damals partout niemand aufzutreiben, der es sonst hätte machen können, und irgendwer hatte herausgefunden, dass ich früher einmal Unterricht gehabt hatte. *Irgendwie witzig, dachte ich. Du kannst überhaupt nicht ordentlich Klavier spielen und jetzt sollst du das hier. Na, die werden ja sehen, was sie davon haben.* So ähnlich sagte ich es auch. Ich fand es zunächst gar nicht schlimm, wenn es nicht besonders großartig klang und ich mich ab und zu verspielte. Schließlich hatte ich den Job ja gar nicht gewollt.

Später wurde ich dann besser, auch ab und zu mal gelobt. Merkwürdigerweise brachte die Klavierbegleitung mich schon bald richtig unter Druck. Deshalb, weil ich keine Distanz mehr dazu hatte und das Spielerische nicht mehr dabei war. Ich hatte mich stattdessen mit der Aufgabe identifiziert, derjenige zu sein, der dafür zu sorgen hatte, dass es nicht nur Liedbegleitungen gab, sondern auch noch ein Stückchen Kultur in Form klassischer Präludien zu Gottesdienstbeginn stattfand. Es dauerte lange, bis ich dahinter kam, wie ich mich mit dieser Selbstdefinition überforderte und einen völlig unangemessenen Aufwand betrieb bei sehr bescheidenem Erfolg. Denn ich war tatsächlich nicht besonders gut.

Gegengewichte schaffen

Kreativ, ein wenig spielerisch kann ich also nur dann mit Dingen und auch Arbeit umgehen, wenn ich das Gefühl habe, dass mein Leben nicht davon abhängt. Das erreiche ich zum einen dadurch, dass ich wie beschrieben immer wieder einmal eine distanzierte Position einnehme und mir anschaue, ob denn der Kosten-Nutzen-Aufwand, den ich da betreibe, wirklich in einem vernünftigen Verhältnis zum Ergebnis und zur Bedeutung der Aufgabe steht.

Zum anderen kann ich auch dadurch das Gefühl erreichen, nicht existenziell abhängig von meiner Arbeit zu sein, wenn ich ein anderes Standbein habe. Im Beispiel eben war es, dass ich schließlich hauptberuflich etwas ganz anderes machte als Klavierspielen und das auch jeder in der Gemeinde wusste. In Bezug auf unseren Beruf, mit dem wir tatsächlich unsere Brötchen verdienen, ist es schon etwas schwieriger.

Das wichtigste emotionale Standbein neben der Arbeit sind da gute Beziehungen. Damit meine ich sowohl enge Privatbeziehungen, wie eine Partnerschaft oder Freundschaft, als auch eine engagierte Mitgliedschaft in einer Gemeinde oder in einem Verein. Nur wenn es Bereiche in meinem Leben gibt, die ich selbst ebenfalls für wirklich wichtig halte, können diese ein Gegengewicht zu meiner Haupttätigkeit bilden. Menschen, die ausbrennen, haben in der Regel gemeint, sie könnten vorübergehend auf solche parallelen Lebensbereiche verzichten. Sie hielten es für effektiver, all ihre Energie zu bündeln. Was sie dabei nicht bemerkten, war, dass die Arbeit darüber bitterernst wurde. Wer keinen lebendigen Parallelbereich hat, hat auch keine echte Distanzierungsmöglichkeit mehr. Weil die Sache, um die er kämpft, die Arbeit, für die er sich aufopfert, seinen ganzen Horizont ausfüllt, erscheint sie auch als absolut wichtig. Echter Humor, nämlich die Fähigkeit, über sich selbst lachen zu können, verschwindet als erstes. Dann folgen all die anderen Burnout-Symptome.

Auch Beziehungen zu Dingen, zur Natur und zur Kunst können eine gute Burnout-prophylaktische Wirkung entfalten. Insbesondere ein gutes Hobby. Ob das ist, in den Alpen wandern zu gehen, Schach zu spielen, Mineralien zu sammeln, zu malen, Stadtgeschichte zu erforschen oder im eigenen Werkraum zu schreinern. Ich meine mit einem guten Hobby eine Beschäftigung, bei der ich mich selbst vergessen kann und bei der ich mich wohl fühle.

Auch eine gute Beziehung zu meinem Körper kann sehr nützlich sein. Im Sport lassen sich viele dumpfe und verstrickte Gefühle aus der Arbeit abschütteln, und fast jeder fühlt sich besser, wenn er sich auf gute Art ausgetobt hat. Auch wenn er nichts von Endorphinspiegeln weiß. Viele Sportarten bieten nebenbei auch noch eine ganze Menge Kontakt- und Beziehungsmöglichkeiten zu anderen Menschen.

Es gibt in diesem Bereich heutzutage allerdings auch viel Krampf und Quälerei, die sich bestens in eine Burnout-Agenda einordnen. Zum Beispiel, wenn viel mehr der empfundene gesellschaftliche Zwang zum Abnehmen im Vordergrund steht als irgendeine Freude an körperlicher Betätigung. Sie sind alle schon Joggern begegnet, denen man von weitem ansieht, wie sie sich quälen. Was sich manchmal an langweiligen Heimtrainern abspielt, bleibt gnädigerweise unseren Blicken verborgen.

Es gilt herauszufinden, was mir gut tut und wo ich mich wohl fühle. Situationen, in denen ich mich wohl fühle, sollte ich gezielt immer wieder aufsuchen. Um der Arbeit nicht ausgeliefert zu sein, weil es irgendwann auch nichts Ernstzunehmendes anderes gibt, brauchen diese Bereiche Raum. Nur wenn Beziehungen und Hobby ausreichend Raum bekommen, haben sie auch genug Gewicht, um mich vor der Arbeit zu schützen. Gleichzeitig verwandelt sich die Arbeit, wenn sie nicht mehr alles ist. Wenn mir zwischendurch mal das nette Gespräch mit Freunden aus der Gemeinde gestern

Abend einfällt, oder dass wir am Wochenende als Familie einen Ausflug vorhaben, oder auch nur, dass ich meiner Großen versprochen habe, heute Abend noch Latein mit ihr zu üben – dann hat mich die Arbeit nicht mehr in ihrer Gewalt. Sondern ich bewege mich in ihr als eigene, ganze Person. Erstaunlicherweise arbeite ich dann nebenbei auch noch besser. Ein unabhängiger, freier Mensch hat nämlich deutlich mehr Kreativität, Ausstrahlung und Wirksamkeit als ein Knecht.

Beziehungen auf der spirituellen Ebene

Für gläubige Menschen kann in diesem Zusammenhang die Beziehung zu Gott ein ganz besonderes Gewicht gewinnen. Zum einen gilt auch da wie für alle Beziehungen: Sie kann nur dann Tragfähigkeit in meinem Leben entwickeln, wenn ich ihr Raum gebe. Christliche Burnout-Kandidaten sind ja oft überhäuft mit Ämtern, auch Leitungsämtern in der Gemeinde, was ihnen aber nichts nützt. Im Gegenteil, die beschleunigen den Prozess oft noch ordentlich. Es geht um Raum für eine persönliche Beziehung zu Gott. Wer in Beziehung zu Gott lebt, merkt schneller, wenn sich ein anderer Bereich zum Gott erheben will, und sei es die Arbeit.

Ihre besondere Kraft kann eine Gottesbeziehung in Bezug auf unser Thema aber dort entfalten, wo es um die Auseinandersetzung mit den „inneren Antreibern" geht. Diese Auseinandersetzung ist ja deshalb so schwierig, weil die Antreiber oft nur dumpf erahnt werden.

Was ein Mensch merkt, ist eher das Schuldgefühl, das sich einstellt, wenn er einmal anders handelt, oder das intensive Gefühl, etwas Wichtiges zu verpassen, wenn er ihnen nicht gehorcht.

Genau hier aber setzt die zentrale Botschaft des Evangeliums ein, wie sie im Neuen Testament beschrieben wird. Je mehr sich ein Mensch darauf einlässt, desto deutlicher werden zwei Tatsachen.

Erstens: dass er es nie schaffen wird, aus eigener Kraft wirklich gut zu werden. Dass Schuldgefühle, Unzufriedenheit mit sich selbst und auch das Gefühl, etwas zu verpassen, insofern durchaus berechtigt sind. Paulus beschreibt es aus eigener Erfahrung: Ein Mensch kann sich auf den Kopf stellen, sich aufopfern oder sonst etwas, es nützt ihm nichts: Er wird auch davon kein bisschen perfekter. Es ist Menschen nicht einmal möglich, sich über ihre Motive bis ins Letzte klar zu werden. Ein Mensch wird nie den Punkt erreichen, wo er auch nur einigermaßen all das getan hat, von dem er weiß, dass es eigentlich richtig und gut gewesen wäre. Das ist sozusagen die schlechte Nachricht des Evangeliums. Jetzt kommt die gute:

Die zweite Tatsache ist nämlich, dass Gott in Jesus alles schon getan hat. Evangelium (übersetzt: gute Nachricht) bedeutet: Gott ist aus Solidarität mit seinen Geschöpfen in Jesus auf die Erde gekommen, um sie zu erlösen. Aus dem, was sie schuldig bleiben, aus dem, was sie innerlich hetzt und quält, und aus all dem, das sie sowieso nicht schaffen.

Diese Erlösung wird jedem angeboten, der sich auf sie verlassen möchte.

Das heißt, dass es nichts mehr zwischen Gott und mir gibt, was uns trennt, wenn ich annehme, was er mir schenken möchte. Dass es von mir aus auch nichts mehr zu tun gibt, weil Gott alles Nötige getan hat. Aus seiner Sicht bin ich okay, durch und durch. Und das relativiert ziemlich viel. In diesem Licht ist es auf einmal recht unwichtig, ob ich diese oder jene Leistung auch noch bringe. Auch wenn ich mir und anderen meine Unzulänglichkeiten eingestehe, behalte ich trotzdem meinen vollen Wert. Ich kann mich zurücklehnen und seine Nähe genießen. Nirgends bin ich weiter weg vom Burnout als an diesem Punkt.

Nun ist es allerdings durchaus nicht so, dass Menschen diese Erkenntnis einmal haben und dann erfüllt davon durchs Leben schweben. Weithin bestimmt uns immer noch das, was uns immer bestimmt hat. Zum Beispiel unsere „inneren Antreiber".

Aber es ist unbezahlbar, diese Tatsache überhaupt einmal verstanden zu haben. In Gottes Nähe kann uns die Gute Nachricht immer wieder erreichen. Und wir spüren dann, dass diese Wahrheit tiefer reicht. Dass sie all das andere, Unfertige, niemals Fertige umschließt, weil Gott uns sogar mit all unseren „inneren Antreibern" liebt, weil er uns anerkennt und mag.

Sie erinnern sich, was all die Ausbrenner im Tiefsten suchen: entweder anerkannt oder gemocht zu werden, oder beides. Das ist für Menschen, die glauben können, in solchen Momenten in Gottes Nähe dann auf einmal da.

Wie komme ich aus dem Burnout-Sog?

Was ich aber auch sagen sollte: Wer Burnout-gefährdet ist, für den ist es nicht leicht, von dieser abschüssigen Strecke wieder herunterzukommen. Selbst wenn jemand einsieht, dass sein Leben noch andere Bereiche braucht als seine Arbeit, hat er diese damit noch längst nicht installiert. Zum Beispiel, wenn er dieses Buch bis hier gelesen hat und der eine oder andere Gedanke ihn wirklich angesprochen hat. Aber wenn Sie herauswollen aus der Burnout-Gefährdung, dann müssen Sie reale Gegengewichte schaffen. Viele Menschen brauchen sich nur einmal für eine Weile zurückzuziehen und nachzudenken, dann fällt ihnen schon manches ein, was sie tun könnten. Wenn Sie es ausprobieren möchten, lassen Sie sich dabei von folgender Frage leiten:

Was hat mir in meinem Leben schon einmal richtig Freude gemacht?

Eine besonders heiße Fährte ist es, wenn es längere gute Phasen waren, die Sie schon einmal erlebt haben. Vielleicht haben Sie irgendwann einmal mit anderen gemeinsam Musik gemacht? Oder eine Sportart hat Ihnen etwas gegeben? Oder Sie haben ein paar richtig gute alte Freundinnen oder Freunde, zu denen Sie vor lauter Arbeit seit Jahren kaum noch Kontakt hatten? Vielleicht waren Sie mal ein begeisterter Jugendgruppenleiter? Oder Sie haben immer schon von einer eigenen Werkstatt geträumt? Oder Sie haben einfach nur gelegentlich schon gedacht, dass Sie Ihrem Kind mal bei den Hausaufgaben helfen könnten, wenn Sie nur zu passenderen Zeiten zu Hause wären.

Die Trefferwahrscheinlichkeit ist am höchsten, wenn Sie dort wieder anknüpfen, wo Sie bereits einmal gute Erfahrungen gemacht haben. Es gibt natürlich meistens Gründe, warum etwas Gutes, das einmal Bedeutung in Ihrem Leben hatte, aufgehört hat. Vielleicht ist Ihre Musikgruppe aus beruflichen Gründen auseinander gegangen, oder Sie haben nach einem Umzug nicht mehr den Einstieg in den örtlichen Sportverein geschafft. Gerade dafür, etwas nicht wieder anzufangen, gab es immer viele gute Gründe. Aber, wie gesagt, Sie werden dem Burnout ausgeliefert bleiben, wenn es Ihnen nicht gelingt, Gegengewichte zu schaffen. Um zu unserer anfänglichen (etwas drastisch-vereinfachenden) Einsicht zurückzukehren: Es bleibt auch noch die Alternative Herzinfarkt, wenn Sie viel Erfolg haben ...

Was können Angehörige tun?

Für viele Burnout-Kandidaten mit Teileinsicht, bzw. bei denen vom Verstand her schon ein Wille vorhanden war, emotional aber noch die Umsetzungsmöglichkeit fehlte, haben sich Partnerschafts- und Freundschaftsbeziehungen als sehr hilfreich erwiesen. Als entscheidendes Gegengewicht zum Burnout hatte ich diese schon erwähnt. Partner und Freunde können aber auch gezielt beim Aufbau von Gegengewichten helfen. Frühe Burnout-Stadien haben sehr häufig eine arbeitssüchtige Komponente. Und die Gefahr ist groß, dass sich Angehörige ähnlich wie bei anderen suchtartigen Verhaltensweisen als Co-Abhängige einspannen lassen. Vor allem beim Alkoholismus ist dieses Phänomen gut erforscht, und es gibt bedarfsgemäß flächendeckend nicht nur Selbsthilfe-, sondern auch Angehörigengruppen. Ebenso kann ein Partner sehr lange ein arbeitssüchtiges Verhalten aufrechterhalten, indem er den Betroffenen entlastet, wo es nur geht, die Kinder von ihm fernhält („Papa braucht jetzt seine Ruhe") und seine eigenen Berufswünsche zurückstellt. Insbesondere wenn die Begründung für die viele Arbeit idealistisch ist, wie in sozialen Berufen, lassen sich Angehörige mit ähnlichen eigenen Idealen leicht und lange in ein krankes System einbinden.

Für eine Änderung ist es entscheidend, dass ein Angehöriger versteht, dass durch sein stützendes Verhalten der Betroffene nur immer weiter in ein krankes und letztlich aussichtsloses Leben hineingerät. Einem Burnout-Gefährdeten kann nur nützen, wenn der Partner versucht, die Realität in angemessener Weise seinem Verhalten entgegenzusetzen, oder auch die Einhaltung von Grenzen zu verlangen. Zum Beispiel, dass er beim Abendessen mit den Kindern regelmäßig anwesend ist. Über den Termin und über Ausnahmen kann man sich einigen, aber es läuft mit Sicherheit etwas grundsätzlich schief, wenn ein Mann, der Kinder haben wollte, diese die Woche über nicht zu sehen bekommt, weil er zu spät nach Hause kommt. Familien, in denen solch einfache Grundsätze der Normalität nicht mehr in Geltung sind, bilden ein co-abhängiges System. Hier beschleunigt der Partner/die Partnerin durch seine/ihre Rolle das Ausbrennen.

Ebenso sind echte Freunde gefordert, Burnout-Kandidaten klar und offen auf ihr Problem anzusprechen. Gerade Alleinstehende sind oft besonders gefährdet. Und wer sollte ihnen helfen, wenn alle Freunde „höflich“ schweigen, weil sie merken, dass dieses Thema unerwünscht ist?

Ändern wird ein Betroffener allerdings nur dann etwas, wenn er spürt, dass ein Partner entschieden für ihn ist und sein Bestes will. Geht es nur um einen Machtkampf, wer nämlich zum Beispiel wie viel an Kinder- und Hausarbeit zu erledigen hat, oder wo einer dem anderen seine Anweisungen aufzwingen möchte, wird ein Arbeitssüchtiger erst recht in die Arbeit ausweichen. Ich spreche jetzt selbstverständlich nur über jene Burnout-Gefährdeten, bei denen eine arbeitssüchtige Komponente im Anfangsstadium eine deutliche Rolle spielt.

Im positiven Fall allerdings kann das Gespräch unter Partnern den Prozess des Nachdenkens wesentlich beschleunigen oder in Gang setzen. Ein guter Gesprächsprozess unter Partnern oder Freunden füllt, was die Intensität des Nachdenkprozesses angeht, den Bereich zwischen eigenem Nachdenken und Psychotherapie aus. Leider gibt es aus verständlichen Gründen keine Statistik darüber, wie viele Burnout-Kandidaten auf diese Weise den Weg zu einem ausgeglicheneren und erfüllteren Leben zurückgefunden haben.

Am Anfang ist es immer ein Kampf, vor allem für den Betroffenen selbst, bis dieser seine ach so wichtige Arbeit tatsächlich manchmal mit schlechtem Gewissen liegen lässt, weil er zum Beispiel den „Fehler“ gemacht hat, sich zu Hause zum Abendessen anzumelden. So empfindet er es nämlich in diesem Augenblick. Für das Leben zurückgewinnen lässt sich ein Ausbrenner nur dann, wenn er merkt, dass das, was er gegen das vermeintlich so Wichtige eingetauscht hat, Freude macht und – bei näherem Hinsehen – auch irgendwie wichtig ist.

Egal ob es darum geht, nach 15 Jahren Pause mal wieder im Verein am Schachbrett zu sitzen, darum, den Kindern zuzuhören, wie sie ihre Schulgeschichten beim Abendessen erzählen und ihren Humor mitzubekommen, darum, einen alten Freund zu besuchen oder auch nur darum, den Hund auszuführen und dabei zu merken, wie herrlich die Natur ist, wenn man sie bei Tageslicht sieht.

Es sind diese Erlebnisse, oft anfangs richtige Aha-Erlebnisse, die einen Menschen wieder in einer gesünderen Lebensform verankern können. Der vorher auf die Pflicht und das Ideal verengte Blick weitet sich wieder. Lebensbereiche, die gerade diesem individuellen Menschen gut tun, bekommen wieder ihr Recht und ihre Zeit bei ihm. Und er bewegt sich in ihnen als freie Person. Auch die Arbeit kann wieder mehr Spaß machen, wenn sie keine fleischfressende Pflanze mehr ist, sondern einen angemessenen Platz im Leben bekommen hat.

Und Kollegen, Klienten, Patienten und Schüler werden es uns abspüren, wenn wir Menschen sind, die wissen, was sie wollen, die aber auch über sich lachen können, weil sie sich nicht so absolut wichtig nehmen und denen man vertrauen kann, weil sie einen Zugang zur Lebensfreude gefunden haben.

Wie entwickelt man eine Anti-Burnout-Grundhaltung?

Bewusstes Nachdenken schafft den erforderlichen Abstand zum Alltag.
Oft müssen auch unfreiwillige Krisen dabei helfen.

Wer nachdenkt, ändert seine Einstellung zu zwei Themen:
- zur Zeit und zum Zeitsparen
- zur eigenen Unersetzlichkeit

Es braucht Gegengewichte, um aus dem Burnout-Sog herauszukommen:
- Beziehungen: Partner, Freunde, Familie, Gruppen
- Hobby und Sport
  Oft lohnt es sich, an schon Bewährtes wieder anzuknüpfen.

Spirituelle Erfahrung erfüllt menschliche Grundbedürfnisse,
was „innere Antreiber" vergeblich versuchen.

Solidarische Partner und Freunde sind eine große Hilfe,
wenn sie sich nicht auf eine Co-Arbeitsabhängigkeit einlassen.

6. Literatur zum Weiterlesen

Berger, Jörg
Lebensziel Berufung
Den eigenen Weg finden in einer Welt der Beliebigkeit
Marburg: Francke 2006
Auf die Fragen: „Wie finde ich die Lebensform, die meinem Wesen entspricht?“, und: „Wofür setze ich mein Leben ein?“, gibt der Autor praktische Antworten, die sich in der Psychotherapie bewährt haben.

Blanchard, Kenneth; Bill Hybels, Phil Hodges
Das Jesus-Prinzip
Asslar: Projektion J 2000
Hier wird – in eine Rahmenhandlung verpackt – ein spirituell begründeter Führungsstil entwickelt, der auf Entfaltung und Förderung der Mitarbeiter ausgerichtet ist und Burnout-prophylaktische Aspekte in überzeugender Weise integriert.

Burisch, Matthias
Das Burnout-Syndrom – Theorie der inneren Erschöpfung
Berlin, Heidelberg, New York: Springer, 2. Auflage 2003
Gründliches, umfassendes und wissenschaftlich fundiertes Buch zum Thema, das trotzdem interessant geschrieben und recht gut zu lesen ist.

Ende, Michael
Momo
Stuttgart: K. Thienemanns Verlag
Ein Märchen für Kinder und Erwachsene über die Zeit, in dem die wichtigsten Einsichten entwaffnend einfach gesagt werden. Wer es liest, sieht manche Dinge mit neuen Augen.

Grabe, Martin
Die Alltagsfalle. Warum es sich lohnt, über den Sinn des Lebens nachzudenken
Marburg: Francke 2003
Im Alltagsgetriebe schieben sich meist die „dringenden Dinge" als Sinngeber in den Vordergrund. Über kurz oder lang setzen aber im Leben jedes Menschen Krisen diese Herrschaft der Selbstverständlichkeiten außer Kraft. Plötzlich stellt sich die Sinnfrage. Dieses Büchlein liefert dazu einige klare Gedanken, die schon vielen Menschen geholfen haben.

Grove, Andrew
Hocheffizientes Management
Frankfurt/Main: Campus 1997
Gute und plastisch beschriebene Einführung in erfolgreiches Management, das darauf setzt, das kreative Potenzial aller Mitarbeitenden in konstruktiver Weise einzubeziehen, und durch möglichst klare und verlässliche Rahmenbedingungen für reibungsarme Abläufe zu sorgen. Und das, obwohl die Prämisse des Buches eindeutig die Effizienzsteigerung ist. Zur Überzeugungskraft dieses Buches trägt bei, dass es Grove tatsächlich gelungen ist, mit diesen Methoden seine Firma zum Weltmarktführer für Mikroprozessoren zu machen.

Kolitzus, Helmut
Das Anti-Burnout-Erfolgsprogramm
München: Deutscher Taschenbuch-Verlag 2003
Ein Mut machendes Buch voller guter Tipps und Anregungen. Verfasst von einem Chefarzt-Kollegen, der sichtlich aus Erfahrung Wege beschreibt, wie man aus der Burnout-Gefährdung wieder zu mehr Ausgewo-genheit und Lebensfreude herausfinden kann.

Küstenmacher, Marion und Werner
Simplify your life
Monatszeitschrift, Orgenda-Verlag im Verlag für die Deutsche Wirtschaft AG
Eine Fundgrube für gute Selbst- und Arbeitsorganisationsideen.

Lukasevangelium
In: Die Bibel, Übersetzung „Hoffung für alle“
Basel und Gießen: Brunnen, 5. Aufl. 2001
Die Beschreibung des Lukas zu Leben und Lehre Jesu in zeitgemäßer Übersetzung. Gleichzeitig eine Einführung in eine burnout-prophylaktische spirituelle Weltsicht.

Psychotherapieabteilung der Klinik Hohe Mark
So finden Sie einen guten Therapeuten
Kurzes Informationspapier darüber, wie man das kompetent macht.
Anzufordern bei:
Sekretariat Dr. Grabe, Klinik Hohe Mark
Friedländerstr. 2
61440 Oberursel
Tel. 0 61 71/2 04 30 50

Martin Grabe
Lebenskunst Vergebung
Befreiender Umgang mit Verletzungen
Bestell-Nr. 330 534
ISBN 3-86122-534-4
192 Seiten, Paperback

Vergebung – richtig verstanden – kann eine ausgesprochen befreiende Wirkung auf unser Leben entfalten.
Wer von schweren Verletzungen betroffen ist, gerät leicht in einen Kreislauf hinein, wo ihm Grübeleien und negative Gedanken auf lange Sicht weit größeren Schaden zufügen als das eigentliche Unrecht. Dieses Buch möchte Wege zeigen, die es möglich machen, nicht nur den Schaden durch erlittenes Unrecht zu begrenzen, sondern dabei Wesentliches für seine Persönlichkeit zu gewinnen.
Das Wort „Vergebung" könnte während des Lebens einen völlig neuen Klang für Sie bekommen.
Ein Handbuch für Betroffene, Therapeuten und Seelsorger.

Martin Grabe
Die Alltagsfalle
Warum es sich lohnt, über den Sinn des Lebens nachzudenken
Bestell-Nr. 330 618
ISBN 3-86122-618-9
64 Seiten, kartoniert

Vielleicht haben Sie gerade eigentlich zu viel zu tun, um ein Buch zu lesen – dann stecken Sie wahrscheinlich schon mitten drin: in der Alltagsfalle.

Wenn Sie weiter lesen sollten: Dann würden wir – Sie und ich – uns gemeinsam auf ein ziemlich gewaltiges Thema einlassen: den Sinn des Lebens. Wie ich in Gesprächen immer wieder merke, gibt es dazu einige wirklich hilfreiche Dinge zu sagen.